Michael Berra
R³ – DIE 3 DIMENSIONEN EINES KRASSEN CHRISTEN

»Endlich wieder mal ein Vorstoß in alle drei Richtungen: Zuerst geht es immer um das Genießen und Ruhen in der gewaltigen Erlösung durch Jesus Christus (1), dann um den evangelistischen Auftrag nach außen (2), und dann ist da das Ergänzt- und Begleitetsein durch andere Christen links und rechts (3). Dieses Material kann uns einem ausgewogenen geistlichen Aufbruch näherbringen.«

René Christen, Autor »Erneuerung von innen nach außen«

»Mit R^3 hat unsere Jugendarbeit einen entscheidenden Schritt näher zueinander und zu Gott getan – erstaunlicherweise mit längerfristigen Auswirkungen! Außerdem macht es Spaß, mit diesem Material zu arbeiten.«

Christoph Candrian,
Jugendpastor Chrischona-Gemeinde Winterthur

»R^3 hat die Kleingruppen unserer Jugendarbeit näher zusammengebracht. Die Vision, die wir als Leitungsteam haben, ist dadurch stärker zu den Jugendlichen vorgedrungen.«

Pascal Steck, Jugendleiter Gellertkirche Basel

»In der unübersichtlichen Fülle unserer Zeit, mit all den vermeintlichen Ansprüchen an uns, muss unsere Jüngerschaft radikal sein, d. h. aus tiefen biblischen Wurzeln gespeist werden. Das vorliegende Schulungsmaterial eignet sich hervorragend, um Leben und Dienst in den ewigen Wahrheiten des Wortes Gottes zu wurzeln und unsere Identität und Lebensberufung in Jesus Christus zu erkennen. Ich wünsche ihm von Herzen weite Verbreitung.«

Hanspeter Nüesch, Leiter von Campus für Christus Schweiz

MICHAEL BERRA

R^3 – DIE 3 DIMENSIONEN EINES KRASSEN CHRISTEN

VORWORT VON PETER STRAUCH

VERLAG BASEL·GIESSEN

Bibliografische Information der Deutschen Bibliothek

Die Deutsche Bibliothek verzeichnet diese Publikation in der Deutschen Nationalbibliografie; detaillierte bibliografische Daten sind im Internet über http://dnb.ddb.de abrufbar.

Die Bibelstellen sind, soweit nicht anders angegeben, der Elberfelder Bibel entnommen.

© 2007 by Brunnen Verlag Basel

Idee, Konzept und Autor:
Michael Berra, www.fegjugend.ch

Gestaltung:
collage grafik und design, Roland Suter, www.collageworks.ch

Umschlag:
Fotomontage Roland Suter
(mit Bildmaterial von photocase.com)

Fotos Inhalt:
Roland Suter: Seiten 27, 46 und 74/75
Bildarchiv Photocase.com: Seiten 10, 16, 22/23, 24, 30, 35, 36, 40, 42, 48, 54/55, 57, 61, 62, 67, 68, 70, 76, 81, 82, 87, 88, 93, 94 und 96
Bildarchiv Fotolia: Seiten 14/15 und 56

Druck: Finidr
Gedruckt in der Tschechischen Republik

ISBN 978-3-7655-5921-1

INHALT

	Vorwort	7
	Warm up	11

Das große Bild

1	Wieso bin ich?	17

Radikale Beziehung mit Gott

2	Gott hat die Initiative ergriffen!	25
3	Sich Gott anvertrauen	31
4	Gott ist dir so nah wie niemand sonst!	37
5	Gott genießen	43
6	Beziehung leben! Die Koinonia-Prinzipien	49

Radikale Beziehung mit Christen

7	Wir sind miteinander verbunden – ob wir wollen oder nicht!	57
8	Wir sind anders – und das ist auch gut so!	63
9	Feler erlaupt! ☺	69

Radikale Beziehung mit Nichtchristen

10	Echte Freundschaft pflegen	77
11	Freundschaft hat Grenzen!	83
12	Gott muss erfahrbar werden!	89

RADICAL RELATIONSHIP

VORWORT

Allianzkonferenz in Bad Blankenburg. Nach der Veranstaltung saßen wir noch in der alten Konferenzhalle zusammen. Hinter uns lag ein Abend mit Theo Lehmann. Mein Gesprächspartner war von jungen Christen mitgeschleppt worden; so richtig gehört hatte er das Evangelium vorher noch nie. Christentum war für ihn, der in der ehemaligen DDR aufgewachsen war, bisher ein Stück Kultur gewesen, aber nichts, womit sich praktisch leben lässt. Die Predigt von Theo Lehmann hatte diese Vorstellung deutlich erschüttert. Da blieb nichts vom kulturellen Erbe, das es zu pflegen galt. Theo rief zur Radikalität auf: »Entweder lebst du komplett mit Jesus, oder du lässt es ganz bleiben. Ein Schuss Frömmigkeit in den Cocktail deines Lebens macht keinen Sinn.«

Während wir miteinander sprachen, wanderten meine Gedanken fast fünf Jahrzehnte zurück. Ich war damals gerade 14, und in meiner Heimatstadt Wuppertal hatte man vieles versucht, um junge Leute für die Kirche zu interessieren. Evangelische Jugendwochen wurden organisiert, sorgfältig auf den Geschmack junger Leute getrimmt. Die Veranstaltungen sollten Appetit auf ein christliches Leben machen. Aber je gefälliger sie gestrickt wurden, desto weniger erreichten sie das gewünschte Ziel.

Dann kamen amerikanische Christen in unsere Stadt. Mit einfachen, aber eindeutigen Worten riefen sie zur Entscheidung für Jesus auf. Der »Erfolg« war enorm. Es kam zu einer großen Bewegung unter meist jungen Leuten. Viele von ihnen wollten wissen, wofür es sich wirklich zu leben lohnt. Auch ich wurde damals davon erfasst. Noch heute packt es mich, wenn ich davon erzähle.

Wie gesagt, das liegt fünfzig Jahre zurück, aber grundlegend geändert haben sich die Fragen bis heute nicht: Wer bin ich? Wer hat mich gewollt? Was macht wirklich Sinn? Wofür lohnt sich der Einsatz meines Lebens? Darum geht es auch auf den folgenden Seiten. So gesehen ist dieses Buch nicht nur am Puls der Zeit, sondern, was viel wichtiger ist, am Puls unseres Lebens. Tatsache ist doch, dass »überfließendes Leben« (vgl. Johannes 10,10b) nur in radikalen Beziehungen zu haben ist: radikal in der Beziehung zu Jesus, radikal zu seinen Schwestern und Brüdern und radikal in der Beziehung zu den von ihm geliebten Menschen. Es ist schon verrückt: Da versucht so mancher die Radikalität der Botschaft von Jesus Christus weichzuspülen und sie »gefällig« zu machen, um seine Zeitgenossen nicht zu verschrecken. Und heraus kommt eine langweilige Frömmigkeit, die niemanden und nichts bewegt. Wann begreifen wir endlich: Wer nicht ganz bei Jesus ist, ist auch nicht ganz bei sich. Der Kern unseres Lebens wird nur aufbrechen und seine ursprüngliche Kraft entfalten, wenn wir leben, was unsere eigentliche Bestimmung ist. »Will mir jemand nachfolgen, der verleugne sich selbst und nehme sein Kreuz auf sich und folge mir. Denn wer sein Leben erhalten will, der wird's verlieren; wer aber sein Leben verliert um meinetwillen, der wird's finden« (Matthäus 16,24-25; Lutherbibel). So paradox es auch klingen mag, damit fängt das wahre Leben an.

Das ist das Thema von R^3, und ich werbe gerne für dieses Programm. Weshalb? Mich beeindruckt das hier beschriebene ganzheitlich radikale Beziehungsfeld. Es gibt eben keine radikale Beziehung zu Jesus, wenn wir nicht gleichzeitig Beziehungen zu seinen Nachfolgern und zu den von ihm geliebten Menschen pflegen. Ebenso wenig gibt es eine radikale Beziehung zu Christen ohne Beziehung zu Christus und seiner Welt. Und wer radikale Beziehungen zu den Menschen, die ohne Gott leben, pflegen will, ohne sich gleichzeitig an Christus und seine Gemeinde zu binden, wird nichts verändern, nicht einmal sich selbst. So gesehen ist R^3 wirklich komplett.

Allerdings ist mit dem Programm allein noch nichts gewonnen. Es braucht Menschen, die es leben, nur dann ergibt das Ganze Sinn. In unseren Köpfen mögen wir noch so radikale Leute sein – wenn daraus nicht ein entschieden radikales Leben wird, bleibt unsere Radikalität ein frommer Spruch und eine leere Hülse. Deshalb sind die »praktischen Verpflichtungen« so wichtig; keine der folgenden Sessions verzichtet darauf.

Übrigens, mein Gesprächspartner in Bad Blankenburg wurde Christ, allerdings erst beim zweiten Gespräch. Zunächst musste er die Kosten überschlagen. Großartig, wenn es dabei zu einem solchen Ergebnis kommt. Aufnehmen, durchrechnen und endlich leben! Das wünsche ich auch den Lesern von R^3.

Peter Strauch

WARM UP

R³ – Die drei Dimensionen eines krassen Christen. Dieser Titel sagt bereits viel über das Material aus, das du in den Händen hältst. Sehnst du dich nach einem Leben, das wirklich Sinn macht? Bist du es leid, ein bisschen Christ zu spielen? Möchtest du, dass dein Glaube echt ist und durch dein Leben etwas ausgelöst wird? Dann bist du hier an der richtigen Adresse!

Es geht um »radical relationship« – radikale Beziehung. Wenn man davon spricht, dass man Vollgas geben und extrem leben will, dann liegt das Wort »radikal« sehr nahe. Wir füllen es jedoch etwas anders... Radikal bedeutet, dass man die Dinge an der Wurzel packt (lateinisch: radix = Wurzel). Man gibt sich nicht damit zufrieden, nur an der Oberfläche zu kratzen, sondern will das, worauf es wirklich ankommt. Und da sind wir bereits bei den Beziehungen. Beziehungen sind nicht nur das Thema Nr. 1 unserer Zeit, sondern auch Thema Nr. 1 der Bibel. Auf jeder Seite geht es um Beziehungen. Glaube ist nichts Abstraktes, sondern hat zutiefst mit Beziehung zu tun. Diese Beziehung zeigt sich in drei Dimensionen:

- Radikale Beziehung mit Gott
- Radikale Beziehungen mit Christen
- Radikale Beziehungen mit Nichtchristen

Diese drei Dimensionen sind untrennbar miteinander verbunden. Ein Würfel hat auch drei Dimensionen. Ich kann nicht eine davon weglassen, ohne dass der Würfel kein Würfel mehr ist. Nehme ich die Höhe weg (radikale Beziehung zu Gott), dann ist alles abgeflacht; im Grunde nimmt man nichts mehr vom Würfel wahr, weil er dem Erdboden gleichgemacht wurde. Lässt man die Tiefendimension (radikale Beziehungen zu Christen) weg, dann bleibt nur noch eine wackelige Fläche stehen, die vom kleinsten Windhauch umgeweht wird. Die Breite (radikale Beziehungen zu Nichtchristen) ist wesentlich, weil der Würfel ohne sie nichts mehr bewegt. Man kann über nichts mehr stolpern – eigentlich sieht man gar nichts mehr davon, weil es nur noch eine Fläche ist, die an den Rand gedrängt ist.

Ganz bewusst ist hier nicht die Rede von der Beziehung zu sich selbst. In diesem Buch wirst du kein Kapitel dazu finden. Und trotzdem kommt sie vor – fast auf jeder Seite. Entscheidend ist, dass wir uns nicht um uns selbst drehen! Du wirst lernen, dich anzunehmen, weil Gott dich annimmt. Du wirst ein erfülltes Leben haben, weil du dich auf andere konzentrierst. Aber es geht nicht in erster Linie um dich! Mehr dazu in der ersten Session.

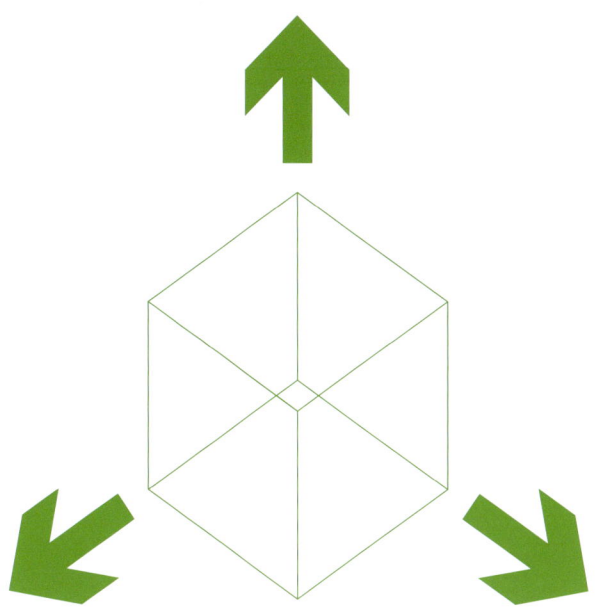

Radikale Beziehungen in allen drei Dimensionen – darum geht es in diesem Material, und darum geht es auch in deinem Leben. Du willst ein krasser Christ sein? Dann lebe radikale Beziehungen!

R^3 – Beziehungen, die in die Tiefe gehen!

Das R^3-Material bringt dir aber nur etwas, wenn du dich darauf einlassen willst. Das heißt, du musst dich bereit erklären, verändert zu werden, Neues zu lernen… Vielleicht wird sogar dein Leben auf den Kopf gestellt. Willst du das?

Okay, dann mal los!…

PS: Für Leiter gibt es übrigens spezielles Leitermaterial.
Falls du das noch nicht besitzt, kannst du dich auf
www.r3-online.net schlaumachen.

DAS GROSSE BILD

*Wieso sollte ich ein krasser Christ sein?
Machen die drei Beziehungsdimensionen überhaupt Sinn?
Und falls ja: Wozu? Die erste Session wird dir das große Bild
aufzeigen, worum es in deinem Leben eigentlich geht.*

1 WIESO BIN ICH?

¿WIESO EXISTIERE ICH?

IMPULS

Kein Mensch auf diesem Planeten lebt für sich selbst, sondern alle sind zur Beziehung geschaffen!

Wieso existiere ich? Hast du dich das auch schon mal gefragt? Ich weiß, es ist nicht gerade die Frage, die man sich jeden Tag stellt. Aber täglich musst du Entscheidungen treffen, und die triffst du aufgrund einer Annahme, wieso du eigentlich lebst. Wirklich?! Ich glaube schon, auch wenn wir uns nicht immer unseres »Unterbaus« bewusst sind... Es kann ja auch sein, dass man in der Meinung lebt, es habe keinen besonderen Zweck, dass man geboren wurde – was sehr traurig wäre!

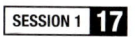

Wieso bin ich? Um Fun zu haben, erfolgreich zu werden oder eine Familie zu gründen? Nein, sagst du vielleicht, da gibt es noch mehr (wir sind ja schließlich »fromm«). Gut, existiere ich dann, um im Glauben zu wachsen, ein besserer Christ zu werden? Jetzt wird es schon schwieriger... Ich bin jedoch der Überzeugung, dass auch das nicht die Antwort ist.

Bei all dem geht es nur um mich. Ich kann mich auch ganz christlich um mich selber drehen. Ich kann Christ sein und doch noch das grundlegendste Problem der Menschheit haben: dass mein Ego im Mittelpunkt steht! Schon im Paradies sagte sich der Mensch: ICH will so sein wie Gott! (Vgl. 1. Mose 3,5-6.) Der Mensch hat sich quer durch die Geschichte immer nur um sich selbst gedreht und gemeint, das sei der Grund seiner Existenz. Diesen Teufelskreis hat aber einer durchbrochen: Jesus kam und starb aus diesem Grund, um uns von uns selbst zu befreien!

Und da sind wir genau dort angelangt, wo wir die Antwort finden. Jesus hat es auf den Punkt gebracht:

»Du sollst den Herrn, deinen Gott, lieben aus deinem ganzen Herzen und mit deiner ganzen Seele und mit deiner ganzen Kraft und mit deinem ganzen Verstand und deinen Nächsten wie dich selbst« (Lukas 10,27).

Es geht darum, Gott und die Menschen zu lieben. »Wie dich selbst...« ist als selbstverständlich vorausgesetzt. Ich brauche keine spezielle Liebe zu mir selber, denn ich bin bereits genug im Mittelpunkt meines Interesses. Zuallererst geht es um Gott! Der Grund, wieso ich bin, muss weiter gehen als nur zum »Ich«, zu dieser Welt und zu der Zeit, die ich hier verbringe. Es geht um die Ewigkeit! Ich lebe, um in Beziehung mit Gott zu leben, mit ihm zusammen zu sein, ihm Freude zu machen, ihn zu ehren (Jesaja 43,7). Das zieht sich weit über diese Zeit hinaus, denn wir werden für immer mit Gott zusammen sein.

Wir werden ihn ohne Ende anbeten und ehren (z. B.: Offenbarung 4,11). Gott hat uns gemacht, damit wir ihn ehren!

Wieso lebe ich aber noch auf dieser Welt? Gott ehren kann ich doch im Himmel besser, mit Tausenden von Engeln und Christen, als hier auf dieser kaputten Erde… Nun kommt der zweite Teil des Doppelgebots Jesu zum Zug: Wir leben, um die Menschen um uns herum zu lieben. Was hat da oberste Priorität? Nehmen wir Gott zum Vorbild, denn er liebt die Menschen wie kein anderer. Er will, dass niemand verloren geht (1. Timotheus 2,4). Aus diesem Grund kam Jesus. Er kam nicht, um die Frommen noch ein bisschen frömmer zu machen, und er kam nicht primär, um den Menschen in ihren Nöten zu helfen. Sondern er kam, um das Verlorene zu suchen und zu retten (Lukas 19,10). Deshalb leben auch wir noch auf dieser Erde: Damit Menschen, die Jesus noch nicht kennen, ihn kennen lernen, mit ihm zu leben beginnen und Gott ehren (2. Korinther 4,15).

Das ist das große Bild, die Antwort auf die Frage: »Wieso bin ich?« Natürlich hat jeder Mensch, du und ich, in diesem Rahmen auch einen speziellen Auftrag. Aber das gilt für jeden: Ich lebe, um Gott zu ehren und die Menschen um mich herum für ihn zu gewinnen. Weniger ist zu wenig! Es geht nicht um mich! Wenn ich das kapiert habe, bekommt und macht das Leben wirklich Sinn, und es wird Auswirkungen haben bis in die normalsten Alltagssachen hinein.

SIEBEN FRAGEN, DIE ES AUF DEN PUNKT BRINGEN

1. Wie sähe die Welt aus, wenn alle ausschließlich auf sich schauen und in keiner Weise auf andere Rücksicht nehmen würden?

2. Was ging Adam wohl durch den Kopf, als er so ganz allein auf dieser Welt war? Formuliere Sätze.

3. Welche Beziehung ist dir besonders wichtig auf dieser Welt? Wieso?

4. Was spricht dafür, dass der einzige Grund, wieso wir noch auf diesem Planeten leben, die Menschen sind, die Jesus noch nicht kennen?

5. Was bedeutet es, wenn Jesus sagt: »... und deinen Nächsten WIE DICH SELBST«?

6. Was löst die Vorstellung in dir aus, dass du lebst, um Gott zu ehren? Wie sieht das praktisch aus?

7. Menschen gewinnen – was heißt das? Wie sieht das konkret aus?

PRAKTISCHE VERPFLICHTUNG

»Ich werde bei allem, was ich tue und sage, überprüfen, ob Gott dadurch geehrt wird.«

Oder formuliere deine Verpflichtung selbst:

_____

_____

Das ist keine leichte Aufgabe, aber sie wird dir bewusst machen, wovon dein Leben bestimmt ist. Bis zum nächsten Treffen kannst du das durchziehen – davon bin ich überzeugt. Es geht nicht darum, dass man das ein Leben lang macht. Das wäre ja voll der Stress. Aber es geht darum, dass dieses Wissen nicht nur im Kopf

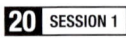

¿WIESO EXISTIERE
ALLES IST DURCH JESUS

bleibt, sondern in deinem Leben wirklich greift. Wenn du merkst, dass du etwas nicht zur Ehre Gottes machen kannst, dann lass es! Das Problem wird womöglich sein, dass du immer wieder daran erinnert werden musst, weil du es sonst vergisst. Du kannst dir überall Zettel hinmachen (an den Spiegel, ins Portemonnaie, ins Auto, an den Computerbildschirm usw.), wo z. B. draufsteht: »Tut alles zur Ehre Gottes!« Das wird dir dabei helfen.

SIEBEN BIBELTEXTE, UM TIEFER ZU GRABEN

1. Jesaja 53,1-12 (Unsere Schuld und Selbstsucht liegt auf Jesus)
2. Römer 2,1-11 (Ohne Gott sind wir alle Opfer unserer Selbstsucht)
3. Philipper 3,1-21 (Das selbstbezogene Leben ist nichts)
4. Kolosser 1,16 (Alles ist durch Jesus und für ihn geschaffen)
5. 1. Korinther 10,31 (Tut alles zur Ehre Gottes)
6. Matthäus 28,18-20 (Missionsbefehl)
7. 1. Mose 1,26-28 (Seid fruchtbar!)

RADIKALE BEZIEHUNG MIT GOTT

Jetzt wissen wir, worum es wirklich geht: Gott ehren und unser Umfeld für ihn gewinnen. Das ist ja gut und recht, aber viel weiter sind wir deswegen noch nicht... Wie wird das konkret, wie kann das Realität werden? Das ist die entscheidende Frage.
Hier beginnt R³ so richtig!
Zuerst geht es darum, eine radikale Beziehung mit Gott zu haben. Dafür wurden wir erschaffen, das ist Gottes Herzensanliegen und legt die Grundlage, damit es mit der Beziehung zu Christen und Nichtchristen klappt! Was dabei wichtig ist, werden wir in den nächsten fünf Sessions genauer anschauen.

2 GOTT HAT DIE INITIATIVE ERGRIFFEN!

GOTT HAT DIE INITIATIVE ERGRIFFEN!

IMPULS

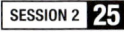

Genauso wenig, wie du dir deine Eltern ausgesucht hast, hast du dir Gott ausgesucht.

Wenn wir von einer radikalen Beziehung mit Gott sprechen, dann müssen wir an der Wurzel ansetzen, dort, wo es wirklich drauf ankommt. Eine Blume kann nur schön sein, wenn ihre Wurzeln gesund sind. Genauso ist es auch in der Beziehung zu Gott. In der letzten Session haben wir bereits gemerkt, dass wir nicht im Mittelpunkt stehen, dass es nicht in erster Linie um uns geht – das gilt auch hier!

Römer 9,16 macht es ganz klar:

»Entscheidend ist also nicht, wie sehr sich jemand anstrengt und müht, sondern dass Gott sich über ihn erbarmt« (Hoffnung für alle).

Es kommt nicht auf mich an, sondern auf Gott. Jetzt könnte man meinen, dass das eine ganz schön einfache Lösung sei. Aber ich behaupte, dass das der schwierigere Weg ist. Wir Menschen wollen »selber groß sein«. Wir wollen es selber können, selber machen. Und nun kommt Gott und sagt uns, dass wir das gar nicht können, sondern dass es allein an ihm liegt, ob wir ans Ziel kommen oder nicht... Das geht uns gegen den Strich! Das können wir fast nicht glauben – auch als Christen nicht.

Aber das ist das Entscheidende in der Beziehung mit Gott: Er hat bereits alles getan! Er, der Allmächtige, machte sich ganz klein, wurde in Jesus Mensch – einer wie du und ich. Er hat dich erlöst. Jesus ist an deiner und meiner Sünde qualvoll gestorben, wurde vom Vater verlassen, damit du echte Gemeinschaft mit Gott haben kannst. Das alles ist bereits geschehen, und du hast null und nichts dazu beigetragen! Du warst noch nicht mal auf der Welt, als das alles passiert ist. Gott hat es einfach getan, weil er dich und alle anderen Menschen extrem gern hat (Johannes 3,16).

Die Grundlage dafür, dass du eine Beziehung mit Gott haben kannst, ist nicht etwa deine Entscheidung für ihn (Epheser 1,4)! Dass Gott dich angenommen hat, liegt nicht daran, dass du dich bekehrt hast! Hast du das gehört?! Einige Leute werden mir jetzt wahrscheinlich den Kopf abreißen wollen, aber es ist die reine Wahrheit. Du warst noch nicht mal auf der Welt, als Jesus alles Nötige getan hat! Du warst es auch nicht, der unbedingt zu Gott kommen wollte, sondern er hat dich zu sich gezogen (Johannes 6,44). Gott hat dich zuerst geliebt, und alles, was du getan hast, war: darauf zu reagieren (1. Johannes 4,19).

Bildlich gesprochen ist Gott zu dir gekommen und hat dich in seine Arme geschlossen – und das war der Punkt, an dem du gemerkt hast, dass du mit dem Angebot der Rettung gemeint bist. Vielleicht hast du dich am Anfang gewehrt, aber mit der Zeit hast du erkannt, dass Gottes Arme genau der Ort sind, wo du hingehörst. Du hast dich seiner Liebe »ergeben«. Er ist eine Beziehung mit dir eingegangen, und du hast Ja gesagt.

Das ist keine heldenhafte Tat, darauf können wir Christen nicht stolz sein! Wer ist schon stolz darauf, wenn er ein Geschenk annimmt?! Das wäre ja krank! Aber wir verhalten uns oft so und meinen, dass wir eben doch was zu unserer Rettung beigetragen haben. Das ist eine Lüge! Wir wurden ganz einfach von der Liebe Gottes überwältigt – ob du das nun so erlebt hast oder nicht.

Ich glaube, hier liegt der Grund dafür, dass viele Christen im Glauben so einen Krampf haben. Sie werden nämlich den Eindruck nicht los, dass sie etwas leisten müssen, dass sie Gott eben doch etwas beweisen müssen. Aber es kommt nicht auf mich (meine Gefühle, meine Kraft, meine Frömmigkeit…) an, sondern darauf, dass Gott sich erbarmt, mir nahe kommt, mich im Glauben wachsen lässt und mich schließlich ans Ziel bringt.

GOTT HAT DIE INITIATIVE ERGRIFFEN!

SIEBEN FRAGEN, DIE ES AUF DEN PUNKT BRINGEN

1. Was war das coolste, schrägste oder verblüffendste Geschenk, das du je bekommen hast?
2. Wie sähe die Welt aus, wenn jeder sich seine Eltern vor der Geburt aussuchen könnte?
3. Wie ist das zu verstehen, dass Jesus bereits alles getan hat?
4. Warum fällt es uns Menschen meist schwer, sehr große, wertvolle Geschenke anzunehmen? Stell dir mal vor, jemand schenkt dir ein Auto, ein Haus...
5. Was löst das in dir aus, dass du bei deiner Bekehrung offenbar gar keine so große Rolle gespielt hast?
6. Kannst du es glauben, dass Gott wirklich ALLES getan hat? Wieso ja, wieso nein?
7. Was für Auswirkungen könnte diese Tatsache auf dein Glaubensleben, deinen Glauben haben?

PRAKTISCHE VERPFLICHTUNG

»Ich werde mir jeden Abend kurz Zeit nehmen und den Tag in Gedanken nochmals durchgehen.
Jede Begebenheit betrachte ich durch die ›Brille der Gnade‹.«

Oder formuliere deine Verpflichtung selbst:

_____
_____

Die Brille der Gnade heißt: »Ich kann nichts tun, damit Gott mich mehr liebt, und ich kann nichts tun, damit er mich weniger liebt« (nach Philipp Yancey). Konkret heißt das, dass du Gott bittest, mit dir nochmals durch den Tag zu gehen und dir alles zu zeigen, was gelaufen ist. Alles, was gut und was schlecht war. Verweile kurz bei jedem Punkt und mache dir bewusst, was Gnade hier bedeutet. Das hilft dir, dich selbst nicht zu wichtig zu nehmen und die Dinge immer mehr aus Gottes Perspektive zu sehen.

SIEBEN BIBELTEXTE, UM TIEFER ZU GRABEN

1. Johannes 15,14-16 (Nicht wir haben Gott, sondern er hat uns erwählt)
2. 5. Mose 7,6-12 (Israel ist etwas Besonderes, weil Gott es liebt)
3. Johannes 19,16-37 (Jesus am Kreuz: Es ist vollbracht!)
4. Epheser 2,1-9 (Gnade und die Gabe des Glaubens)
5. 1. Johannes 4,16-19 (Wir lieben, weil Gott uns zuerst geliebt hat)
6. Galater 4,1-9 (Gott hat uns als seine Kinder adoptiert)
7. Römer 5,1-21 (Durch den Tod Jesu ist der Weg zu Gott frei)

GOTT HAT DIE INITIATIVE ERGRIFFEN!

3 SICH GOTT ANVERTRAUEN

SICH GOTT ANVERTRAUEN

IMPULS

Es reicht nicht, wenn ein Mann seiner Geliebten sagt, dass sie die Nr. 1 ist, wenn es da noch andere Frauen gibt (Nr. 2, Nr. 3 usw.). Sie muss die Einzige sein! Das gilt auch für die Beziehung mit Gott.

Kurz zusammengefasst haben wir in der letzten Session gesehen, dass Gott alles dafür gegeben hat, um mit uns zusammen zu sein. Das bleibt, und das ändert sich nicht. Es heißt auch nicht plötzlich: »So, das war der Teil, den ihr als Geschenk bekommt, aber jetzt, jetzt strengt euch an!« Doch es kostet uns schon auch etwas… Es kostet uns unser Vertrauen.

Wenn ein Mann und eine Frau sich innig lieben und kennen, dann geben sie ihrem gegenseitigen Vertrauen Ausdruck und heiraten. Dieser Schritt bedeutet, dass man sich dem anderen anvertraut, sich hingibt. So muss auch die Hingabe im geistlichen Leben gesehen werden. Es ist kein Kraftakt von purer Geistlichkeit oder heldenhaften Aufgebens des eigenen Lebens. Wir vertrauen schlicht und einfach. Nicht uns selbst. Nicht irgendwelchen anderen Sicherheiten. Nicht einmal unseren Erfahrungen. Wir vertrauen Gott allein! Das bedeutet Hingabe. Unser Leben an Gott abzugeben ist deshalb keine Trauerveranstaltung, sondern ein Freudenfest, weil er vertrauenswürdig ist. Wir wissen, dass er das Beste für uns will und deshalb unser Leben besser im Griff hat als wir selbst.

Gott teilt nicht! In 2. Mose 34,14 heißt es:

»Betet keinen anderen Gott an, denn ich, der Herr, dulde keinen neben mir! Ihr sollt mir allein gehören« (Hoffnung für alle).

Alles, was wir neben Gott in unserem Leben tolerieren, nimmt seinen Platz ein (wird zum Götzen) und zerstört unsere Beziehung zu ihm. Ich meine damit nicht, dass wir jetzt nur noch in der Bibel lesen, in die Kirche gehen und beten dürfen. Wenn wir aber Bereiche in unserem Leben haben, die wir Gott nicht anvertrauen wollen, die wir für uns behalten (»da lasse ich dich aber nicht ran...«), dann misstrauen wir ihm. Es ist ein Vertrauensbruch – wir gehen quasi fremd. Misstrauen macht die enge Verbindung, die wir mit Gott haben, kaputt! Es war Misstrauen gegenüber Gott, das Adam und Eva aus dem Paradies jagte. Es ist ein Trick des Teufels, der seit jeher funktioniert: »Hat Gott wirklich gesagt...?« (1. Mose 3,1) – Misstrauen – »Gott will nicht, dass ich Spaß habe, er nimmt mir alles weg...« – Misstrauen – »Meint Gott es wirklich gut mit mir?« – Misstrauen – »Ich muss doch dafür sorgen, dass ich nicht zu kurz komme...« – Misstrauen!

Wenn Gott nicht jeden Bereich unseres Lebens haben kann, dann werden wir nicht mehr von ihm bestimmt, sondern machen uns selbst zu Gott oder werden von anderen Einflüssen gefangen genommen. Wenn Gott uns nicht beherrscht, tut es etwas anderes!

»Niemand kann zwei Herren dienen; denn entweder wird er den einen hassen und den anderen lieben, oder er wird einem anhängen und den anderen verachten« (Matthäus 6,24).

Jesus benutzt hier eine Sprache, die ganz klar von Beziehung spricht. Eine radikale Beziehung mit Gott gründet nicht auf dem, was wir tun. Es braucht aber eine Entscheidung! Wenn unser Herz zweigeteilt ist, dann lassen wir Ungeziefer auf die Wurzel unserer Beziehung los, das über kurz oder lang alles kaputt macht. Mit einem anderen Bild: Wenn ein Mann dauernd anderen Frauen schöne Augen macht und rumflirtet, wird das seine Ehe oder Freundschaft beschädigen oder zerstören.

Eine Entscheidung ist gefordert! Ich meine, dass die Entscheidung gar nicht so schwerfallen sollte… Gott ist der Beste, niemand kann ihm das Wasser reichen. Er hat uns unendlich gern, und deshalb ist er es wert, dass wir uns ihm ganz anvertrauen. Alles andere verblasst neben ihm!

SICH GOTT ANVERTRAUEN

SIEBEN FRAGEN, DIE ES AUF DEN PUNKT BRINGEN

1. Wie würdest du reagieren, wenn dein Freund oder deine Freundin dir erzählen würde, dass du zwar die Nr. 1 bist, dass aber nach dir noch ein paar Nummern kommen?
2. Erzähle von einer Situation in deinem Leben, wo du nichts mehr im Griff hattest. Was war das für ein Gefühl?
3. Warum ist gerade Misstrauen eine Wurzelsünde von uns Menschen?
4. Weshalb ist es wichtig, dass wir uns zuerst mit dem beschäftigen, wer Gott ist und was er getan hat, bevor wir von Hingabe reden?
5. Hält dich etwas zurück, Gott alles zu geben? Wieso?
6. Wie könnte diese Hingabe, dieses Vertrauen in deinem Leben praktisch aussehen?
7. Was können Folgen sein, wenn du dich Gott nicht ganz anvertraust?

PRAKTISCHE VERPFLICHTUNG

»Ich vertraue Gott mein ganzes Leben an!«

Oder formuliere deine Verpflichtung selbst:

_____

_____

Das bedeutet, dass du Gott kompletten Zugriff auf dein Leben gewährst. Du sagst Ja zu ihm und zu dem, was er will. Du tust das, ohne zu wissen, was noch alles kommen wird, denn Gott wird dir immer wieder neue Bereiche zeigen, wo du eben noch nicht alles an ihn abgetreten hast. Du triffst jetzt diese Entscheidung. Aber es ist keine einmalige Sache! Das musst du jeden Tag neu tun, in den verschiedenen Kleinigkeiten des Alltags. Dazu eine Hilfe: Jeden Morgen, bevor du aufstehst oder irgendetwas anderes machst, erneuerst du dieses Versprechen.

Sag ihm, dass er immer noch alles von dir haben kann. Sag ihm, dass du an diesem Tag völlig zu seiner Verfügung stehst – egal was das bedeutet. Als Hilfe einen Zettel an die Decke über deinem Bett hängen: »Ich gehöre Gott!« Du wirst im Alltag immer wieder Möglichkeiten haben, Gott um Vergebung zu bitten, weil du deinen Kopf durchgesetzt hast. Aber damit zeigst du ihm, dass das, was du ihm versprochen hast, immer noch gilt.

Er wird dein Gebet ernst nehmen, und es wird spannend werden ...

Falls du merkst, dass dich etwas von dieser Hingabe zurückhält, dann sprich mit jemandem darüber und lass nicht locker, bis du diese Verbindung mit Gott eingehen kannst. Aber 8-ung: Heuchle nicht! Weder vor dir noch vor anderen Menschen, und erst recht nicht vor Gott!

SIEBEN BIBELSTELLEN, UM TIEFER ZU GRABEN

1. Lukas 14,25-35 (Wer nicht alles aufgibt...)
2. Matthäus 16,25-28 (Das Leben verlieren)
3. Römer 6,1-23 (Die Taufe als Zeichen)
4. Römer 4,1-25 (Abraham vertraute Gott)
5. Matthäus 19,27-30 (Die Jünger haben alles verlassen)
6. Hebräer 11,1-40 (Ohne Vertrauen kann man vor Gott nicht bestehen)
7. Römer 12,1-3 (Uns ganz hingeben)

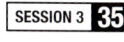

SICH GOTT ANVERTRAUEN

4 GOTT IST DIR SO NAH WIE NIEMAND SONST!

GOTT IST DIR SO NAH WIE NIEMAND SONST!

IMPULS

So wie ein Kind Eigenschaften (Gene) seiner Eltern erbt, so hat Gott dir sein Wesen eingepflanzt.

Durch Jesus können wir eine echte Beziehung mit Gott haben. Er rettet und erlöst uns. Er schenkt uns auch eine neue Identität. Ein paar Kostproben:

- Du bist ein Bürger des Himmels (Philipper 3,20).
- Du bist ein Heiliger (Epheser 1,1).
- Du bist ein Kind Gottes (Johannes 1,12).
- Du bist das Licht der Welt (Matthäus 5,14).
- Du bist ein »Alleskönner« in Jesus (Philipper 4,13).
- Du bist völlig neu (2. Korinther 5,17).

Das sind Tatsachen, die wir schwarz auf weiß in der Bibel haben. Der Teufel versucht uns zwar immer etwas anderes einzureden (»Du bist nicht gut genug, Gott kann dich gar nicht annehmen, du bist ein Versager« usw.), doch das sind nichts als Lügen!

Was aber ist das Geheimnis, das uns offenbar zu Superman und Supergirl macht? Sind wir plötzlich einfach so unglaublich gut und heilig, wollen wir seit unserer Bekehrung nur noch Gott dienen und verabscheuen jetzt jede Sünde? Also, wenn ich ehrlich bin, kann ich das von mir nicht gerade behaupten... Was aber ist der entscheidende Unterschied? Oder ist es womöglich so, dass es einfach schöne Gedanken und fromme Wünsche sind, aber gar nicht den Tatsachen entspricht?!

GOTT IST DIR SO NIEMAND SONST!

Kolosser 1,27 gibt uns Antwort:

»Gott wollte euch zeigen, wie unbegreiflich und wunderbar dieses Geheimnis ist, das für alle Menschen auf dieser Erde gilt: Christus in euch, die Hoffnung der Herrlichkeit« (Hoffnung für alle/Elberfelder Bibel).

Es ist unbegreiflich, es ist wunderbar – und es hat wieder herzlich wenig mit meinen Fähigkeiten und meinem Ego zu tun. Das Geheimnis ist, dass Jesus selber in mir lebt! Das Geheimnis deines Lebens ist, dass Jesus *in dir* lebt! Wir sind aufs Engste mit ihm verbunden. Gott selbst lebt durch den Heiligen Geist in uns – das ist es, was damit gemeint ist.

Ich hoffe, dass wir noch nicht allzu sehr abgestumpft sind und uns an solche Aussagen noch nicht gewöhnt haben. Glaube ich, dass Gott wirklich existiert und dass er das mächtigste und liebevollste Wesen im ganzen Universum ist? Glaube ich, dass ich als Christ den Heiligen Geist bekommen habe und so Gott in mir lebt? Wenn ich beide Aussagen bejahe, dann soll mir bitteschön mal jemand sagen, wo das Problem liegt?! Dann lebt nämlich der allmächtige Gott in dir und in mir. Das ist wirklich unbegreiflich! Das ist das Geheimnis! Wieso sollte ich also durch ihn nicht alles können (Philipper 4,13)?! Ich muss deshalb nicht mehr der Sünde gehorchen (Römer 6,18), bin meinen Gefühlen nicht hilflos ausgeliefert und kann wirklich einen Unterschied in dieser Welt machen (Matthäus 5,13).

NAH WIE

Wir müssen nicht mehr auf irgendeine große Erleuchtung oder Veränderung warten, denn die ist bereits geschehen. Christus lebt in mir (Galater 2,20)! Die Frage ist, ob ich mich darauf verlassen will oder ob ich lieber selber weiterwurstle… Ich bin der Überzeugung, dass wir heute dieselbe Kraft haben wie die ersten Christen, die die ganze Welt auf den Kopf gestellt haben. Denn in uns lebt derselbe Gott wie damals. Er hat sich nicht verändert! – Wo also liegt das Problem? Wir haben alles, was wir brauchen! Wir brauchen keine spezielle »Kraft« oder dergleichen, keine besondere »Ausrüstung«, denn der Heilige Geist, Gott selber, lebt in mir, ist mir so nah, wie kein Mensch es jemals sein kann. Das sind good News! Nicht, weil ich gut sein muss, sondern weil Jesus gut ist, bin ich, was ich bin, und kann in dieser Welt einen Unterschied machen.

SIEBEN FRAGEN, DIE ES AUF DEN PUNKT BRINGEN

1. Wenn du wie Superman oder Supergirl in der Gegend rumfliegen könntest – was würdest du als Erstes tun?
2. Wurdest du schon mal mit jemandem verwechselt? Wie kam es dazu und wieso?
3. Es ist schwierig zu verstehen, dass Gott in mir lebt… Wie kann man sich das vorstellen?
Welche (biblischen) Bilder wären dazu geeignet?
4. Was könnten Gründe dafür sein, weshalb man sich trotz der Tatsache, dass Jesus in einem lebt, oft so überfordert und kraftlos fühlt?
5. Nenne das Verhältnis (in Prozent), wie stark dich die biblischen Tatsachen oder deine Erfahrungen prägen. Weshalb ist das so?
6. Was heißt »Christus in dir« für dich praktisch?
7. Welche Auswirkungen könnte die Tatsache in deinem Leben haben, dass du nicht auf eine spezielle Erleuchtung oder Ausrüstung zu warten brauchst, sondern durch den Heiligen Geist bereits alles hast?

GOTT IST DIR SO NAH WIE NIEMAND SONST!

PRAKTISCHE VERPFLICHTUNG

»Ich werde jede Woche etwas wagen, das mir eigentlich eine Nummer zu groß ist, weil ich weiß, dass Gott selbst in mir lebt.«

Oder formuliere deine Verpflichtung selbst:

_____

_____

Überlege dir, was das sein könnte. Es geht darum, dass du dich ganz auf Jesus, der in dir lebt, verlassen musst. Es soll etwas sein, das du nicht mit links machst. Wenn du daran denkst, dann sollte dir sofort: »Nein, unmöglich, das kann ich nicht!«, in den Sinn kommen. Du kannst es auch mit jemandem gemeinsam tun. Vielleicht ist das ein evangelistischer Einsatz auf der Straße; vielleicht geht es darum, jemanden um Entschuldigung zu bitten; vielleicht ist es auch eine Aufgabe, vor der du immer zurückgeschreckt bist. Der Heilige Geist, Gott selbst, lebt in dir – deshalb kannst du das! Wage es! Womöglich hilft es, wenn du mit jemandem darüber sprichst, und dann lass dich auf das Abenteuer ein. Bitte Gott, dass es eine gute Erfahrung wird. Verlass dich ganz auf ihn!

SIEBEN BIBELTEXTE, UM TIEFER ZU GRABEN

1. Johannes 15,26–16,15 (Der Heilige Geist, und was er tun wird)
2. Apostelgeschichte 2,1-13 (Pfingsten)
3. Johannes 15,1-11 (Der Weinstock)
4. Römer 8,1-39 (Wir sind Kinder Gottes, weil sein Geist in uns ist)
5. Kolosser 1,1-29 (Christus in euch…)
6. 2. Korinther 3,4-5 (Nicht aus eigener Kraft, sondern Gott)
7. Sacharja 4,6 (Nicht durch Heer oder Kraft…)

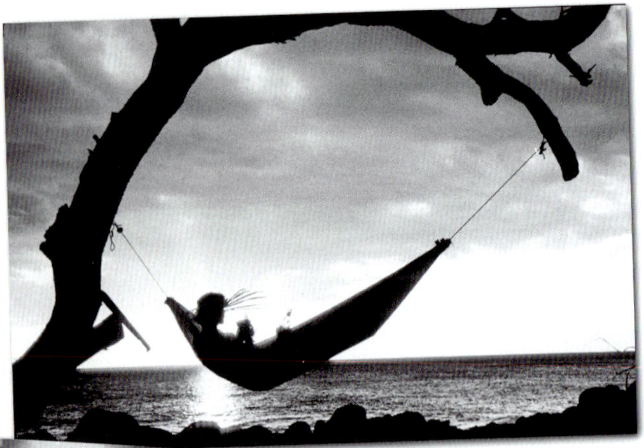

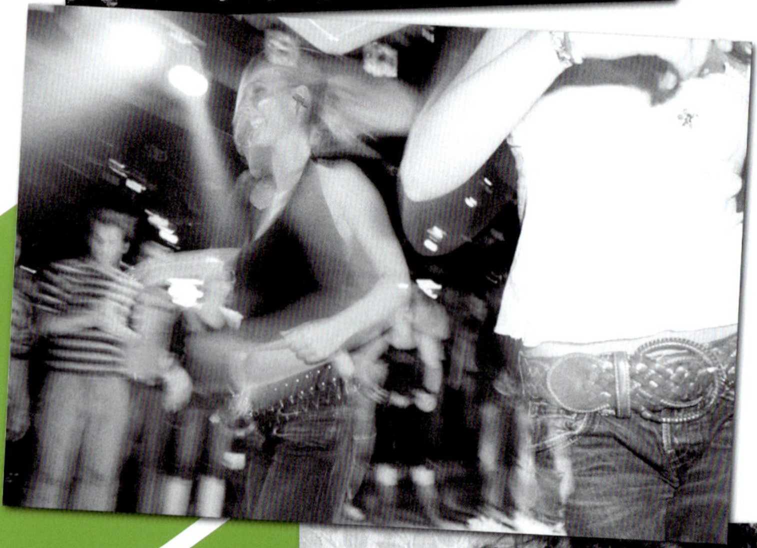

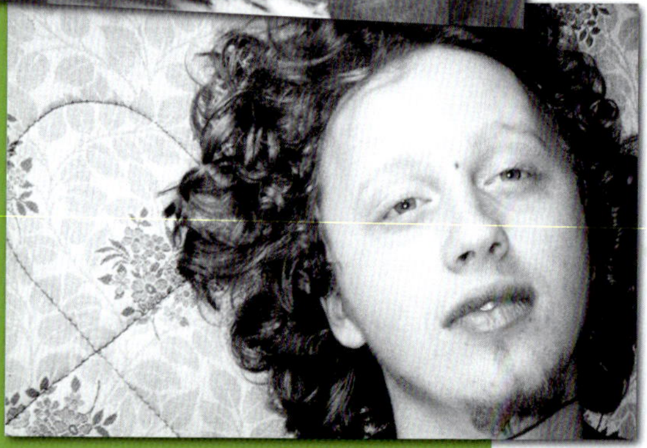

5 GOTT GENIESSEN

GOTT KANN MAN GENIESSEN!

IMPULS

Wenn wir uns nicht an einer Person freuen, werden wir auch keine innige Beziehung zu ihr haben. Und genauso ist es mit Gott!

Es gibt zwei grundlegend verschiedene Möglichkeiten, als Christ zu leben:

1. Ich lebe wie ein Angestellter Gottes. Er ist mein Chef, und ich habe zu arbeiten und das zu tun, was er will. Ansonsten wird mir gekündigt oder ich erhalte zumindest keine Lohnerhöhung. Ich arbeite vor allem, weil ich etwas verdienen muss – nicht in erster Linie, weil es mir Spaß macht.

SIEBEN FRAGEN, DIE ES AUF DEN PUNKT BRINGEN

1. Was wäre dein Lieblingsferienort? Wo würdest du dich am wohlsten fühlen? Wieso?
2. Was war das schlimmste oder mühsamste Erlebnis, das du je mit einem Chef oder Lehrer erlebt hast?
3. Was braucht es, damit du dich an einer anderen Person freuen kannst?
4. Wie könnte das praktisch aussehen, dass einem »alle Dinge zum Besten dienen müssen«?
5. Nenne das Verhältnis (in Prozent), wie stark du Gott als Arbeitgeber oder Liebhaber (Freund) empfindest. Weshalb ist das so?
6. Was macht dich zu einem guten Christen? Wieso?
7. Wie könnte sich das Spannungsfeld von »Ehrlichkeit« bis zu »Gott für alles danken« konkret zeigen? Was machst du damit?

GOTT KANN MAN GENIESSEN!
DIE FREUDE AM HERRN IST EURE STÄRKE!

PRAKTISCHE VERPFLICHTUNG

»Ich werde Gott für alles danken!«

Oder formuliere deine Verpflichtung selbst:

_____

_____

Eine konkrete Möglichkeit könnte so aussehen: Nimm dir jeden Abend kurz Zeit und lass dir den ganzen Tag nochmals durch den Kopf gehen (wie du es schon in Session 2 getan hast). Jetzt dankst du Gott für alles, was dir in den Sinn kommt. Wirklich für alles! Das Gute, das Schlechte, dein Versagen, deine Triumphe – alles! Wenn du gesündigt hast und es bereust, dann danke Gott, dass er dir vergibt. Vermeide ausnahmsweise jede Bitte und formuliere alles als Dank. Du kannst für die Blumen, das Wetter, dein Dach über dem Kopf, deine Freunde, Gottes Liebe, dein Leben usw. danken. Ich nenne das »Dankes-Orgie«. Schwelge im Dank! Du wirst merken, dass es deine Sichtweise der Dinge verändern wird – auch wenn du momentan nicht alles verstehen kannst.

SIEBEN BIBELTEXTE, UM TIEFER ZU GRABEN

1. Epheser 5,17-20 (Immer und für alles danken)
2. Lukas 10,17-24 (Freut euch, dass ihr in den Himmel kommt)
3. Jesaja 65,16-25 (Pure Freude, weil Gott etwas Neues schafft)
4. Psalm 27,1-2 (Nicht abkrampfen – Gott vertrauen)
5. Römer 8,28-39 (Alles dient uns zum Besten)
6. Hoheslied 1,1-17 (Die Liebe genießen)
7. Philipper 4,4 (Freut euch im Herrn)

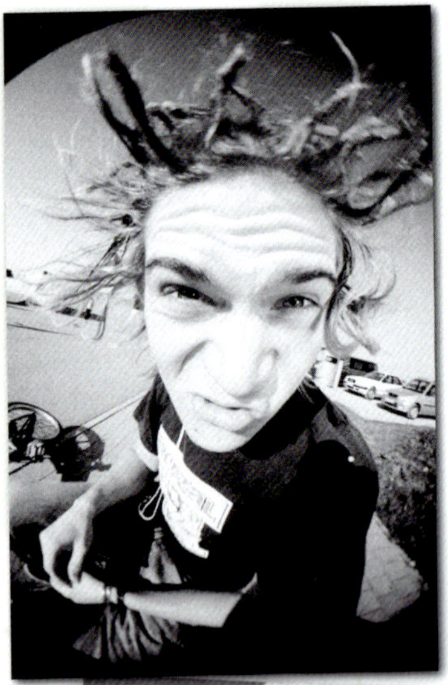

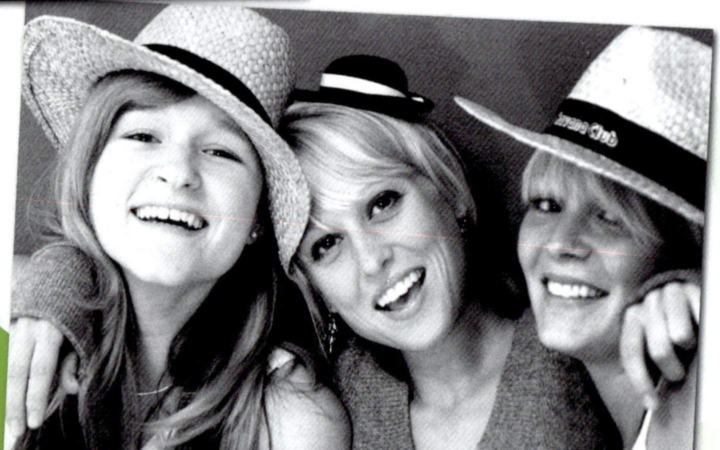

6 BEZIEHUNG LEBEN! DIE KOINONIA-PRINZIPIEN

BEZIEHUNG LEBEN!
DIE KOINONIA PRINZIPIEN

IMPULS

Auch wenn eine Pflanze gesunde Wurzeln hat, wird sie über kurz oder lang eingehen, wenn sie keinen guten Boden, kein Wasser und kein Licht hat. So muss auch die Beziehung zu Gott gepflegt werden.

Die Entscheidung für Gott muss sich praktisch zeigen – das ist ganz normal. Wenn jemand heiratet (eine Entscheidung trifft), dann werden die beiden nachher auch zusammen wohnen. Alles andere wäre seltsam! Genauso ist es in unserer Beziehung mit Gott. Er hat kein Interesse an frommen Wünschen, sondern an gelebter Beziehung mit uns. Wenn ich mit jemandem befreundet bin, dann bin ich auch mit dieser Person verbunden, wenn wir nicht gerade Zeit miteinander verbringen. So ist es auch in der Gemeinschaft mit Gott. Im ganz normalen Alltag leben wir in der Beziehung mit ihm – auch wenn wir uns dessen nicht immer bewusst sind. Egal was wir tun, wir bleiben in einer ständigen Verbindung mit ihm. Doch wie in jeder anderen Beziehung sind auch da Zeiten notwendig, in denen man sich ganz bewusst aufeinander konzentriert. Wir brauchen »Verabredungen« mit Gott. Beides gehört untrennbar und natürlich zueinander, und wir können das eine nicht gegen das andere ausspielen.

Damit echte Gemeinschaft stattfindet, gibt es ein paar Grundsätze, die beachtet werden müssen. Es ist wie mit einer Pflanze: Ohne den richtigen Boden und die richtige Pflege wird auch die schönste Blume mit der Zeit bis zur Wurzel verdorren. Ich nenne diese Grundsätze »Koinonia-Prinzipien«. Koinonia ist das griechische Wort für Gemeinschaft und bedeutet auch innige Freundschaft oder Partnerschaft. Diese Prinzipien gelten für die Freundschaft mit Gott, genauso aber auch für die Horizontale – die Beziehung zu Christen und Nichtchristen (darauf kommen wir später noch...). Es handelt sich um drei grundlegende Prinzipien:

A) SICH ZEIT NEHMEN

Zeit ist die absolute Grundlage. Ohne Zeit kann Gemeinschaft nicht stattfinden. Sie ist wie der Boden, den eine Beziehung braucht, damit sie wachsen kann. Instant-Gemeinschaft gibt es nicht. Ich kann Gott nicht vorschreiben, dass er jetzt fünf Minuten Zeit haben und mir gefälligst begegnen soll – das klappt mit Menschen ja auch nicht. Es ist simpel, aber klar: Wir müssen uns bewusst immer wieder Zeit nehmen, um mit Gott ein Rendezvous zu haben, ansonsten werden wir ihn nicht besser kennen lernen.

B) ECHT SEIN

Gott will mit MIR zusammen sein. Er hat kein Interesse an der Person, die ich gerne sein würde oder die ich vorgebe zu sein. Eine Maske nützt bei ihm nichts, denn er schaut mein Herz an (1. Samuel 16,7). Er weiß sowieso, wie es mir geht. Deshalb ist es nicht nur ein frommer Spruch, dass ich so zu ihm kommen kann, wie ich bin. Ich brauche nichts vorzuspielen. Wenn ich keine Lust auf »Stille Zeit« habe, dann kann ich ihm das sagen. Wenn ich schlecht drauf bin, dann muss ich nicht den fröhlichen Christen spielen. Vielleicht bin ich von Gott enttäuscht, dann muss ich nicht heuchelnderweise einen Worship-Song anstimmen, sondern kann dazu stehen. Gott will MICH so, wie ich bin! Das heißt aber nicht, dass ich so bleiben muss, wie ich bin! Er kann und will mich verändern. Ehrlichkeit und Echtheit sind wie das Sonnenlicht, das eine Pflanze zum Wachsen braucht. Wenn ich vor Gott nicht ehrlich bin, dann misstraue ich ihm oder zweifle daran, dass die Beziehung zu ihm real ist (= pure Religiosität).

C) ZUHÖREN

Wenn immer nur ich rede, dann findet keine Gemeinschaft statt. Beziehung beruht per Definition auf Gegenseitigkeit. Logisch! Aber gerade wenn es um Gott geht, haben wir den Eindruck, dass vor allem wir reden sollten. Vielleicht erwarten wir gar nicht, dass Gott uns ansprechen will. Aber da täuschen wir uns! Es geht nicht nur darum, Gott unsere Sorgen zu klagen, ihm zu danken, ihm von unserem Alltag zu erzählen usw. Dann wäre die Beziehung sehr einseitig, und wir würden uns nur um uns selber drehen. Gott redet, denn er ist Wirklichkeit, ein echtes Gegenüber. Wenn wir nicht auch Zeiten haben, in denen wir erwarten, dass er spricht, und einfach mal still sind, dann benutzen wir entweder Gott nur für unsere Zwecke oder zweifeln daran, dass er eine echte Person ist und uns auch heute noch (nicht nur in biblischen Zeiten) anspricht. Gottes Reden und unser Zuhören sind wie das lebensspendende Wasser für eine Pflanze (Johannes 7,37).

SIEBEN FRAGEN, DIE ES AUF DEN PUNKT BRINGEN

1. Jemand pflanzt eine Blume und stellt sie anschließend in den Keller, gibt ihr kein Wasser und vergisst sie einfach. Was würdest du ihm als Pflanze sagen, wenn du reden könntest?
2. Gab es in deinem Leben schon mal eine Beziehung, die du zu wenig gepflegt hast und die deshalb im Sand verlief oder auseinander ging, obwohl du das nicht gewollt hast?
3. Wenn ich doch alles zur Ehre Gottes tun soll und ihm sowieso meine ganze Zeit gehört, wieso sollte ich dann noch spezielle Zeiten mit ihm haben?
4. Was sind die Unterschiede, wenn ich mit einem Menschen oder mit Gott Gemeinschaft habe?
5. Fällt es mir schwer, vor Gott echt zu sein? Wieso?
6. Fällt es mir schwer, Gott zuzuhören? Wieso?
7. Fällt es mir schwer, mit Gott Zeit zu verbringen (mir Zeit zu nehmen)? Wieso?

PRAKTISCHE VERPFLICHTUNG

»Ich werde die Koinonia-Prinzipien in der Beziehung mit Gott im Alltag leben.«

Oder formuliere deine Verpflichtung selbst:
___
___
___

Am besten machst du dir gleich heute einen Plan, wie du Zeit mit Gott verbringen möchtest. Plane Verabredungen mit ihm – ansonsten ist die Chance groß, dass du an ihm vorbeilebst. Dein Plan wird sich wahrscheinlich von dem anderer Leute unterscheiden, denn wir sind ja alle unterschiedlich »gestrickt«. Nimm dir nicht zu viel vor, aber auch nicht zu wenig – es muss ja auch eine Herausforderung sein. Ich zum Beispiel will dreimal täglich mit Gott ein »Date« haben. Morgens ausführlich, mittags ein kurzes Time-Out mitten im Alltag und am Abend einen kurzen Tagesrückblick. Schreib dein Vorhaben auf, trag es wenn nötig in deinen Terminkalender ein. Vielleicht ist es später auch mal erforderlich, deine Planung anzupassen. Wichtig ist aber, dass du die Verabredungen einhältst – auch wenn du keine Lust dazu hast, auch wenn du die letzten paar Mal Gott nicht gespürt hast. Bleib dran, denn er will dir begegnen. Und wenn er es nicht tut, dann musst du eben auf ihn warten… Achte in diesen Zeiten darauf, dass du ihm dein Herz ausschüttest (echt bist) und auch zuhörst. Es ist ein Lernprozess, die Stimme Gottes zu hören. Als Erinnerung kannst du das Koinonia-Kärtchen immer mit dir herumtragen oder in deine Bibel legen.

SIEBEN BIBELTEXTE, UM TIEFER ZU GRABEN

1. Psalm 92,1-16 (Am Morgen und in der Nacht Gott preisen)
2. Markus 1,32-38 (Jesus nimmt sich Zeit mit Gott, dem Vater)
3. 1. Samuel 16,6-13 (Gott sieht das Herz)
4. Psalm 88,1-19 (Der Psalmist schüttet sein Herz aus)
5. Lukas 10,38-42 (Maria und Martha)
6. 1. Samuel 3,1-10 (Samuel hört Gottes Stimme)
7. Johannes 10,1-5 (Die Schafe kennen die Stimme des Hirten)

BEZIEHUNG LEBEN!
DIE **KOINONIA** PRINZIPIEN

RADIKALE BEZIEHUNG
MIT CHRISTEN

RADIKALE BEZIEHUNG MIT CHRISTEN

Gott hat sich etwas Geniales einfallen lassen: Er ermöglicht uns nicht nur die Beziehung zu ihm selbst, sondern stellt uns auch noch eine geistliche Familie an die Seite.
Du bist nicht allein! Du kannst auch gar nicht allein bleiben, denn die Gemeinschaft mit Christen ist entscheidend.
Du kannst Jesus nicht ohne die Gemeinde haben, und an der Liebe, die Christen untereinander haben, werden Nichtchristen Jesus erkennen!

WIR SIND MITEINANDER VERBUNDEN

7 WIR SIND MITEINANDER VERBUNDEN – OB WIR WOLLEN ODER NICHT!

WIR SIND MITEINANDER VERBUNDEN

IMPULS

Ich kann Gott nicht als Vater haben und gleichzeitig seine anderen Kinder nicht als Brüder und Schwestern akzeptieren. Beides gehört untrennbar zusammen!

Wir Christen sind miteinander verbunden, ob wir das wollen oder nicht! Es ist keine Frage unserer Einstellung, ob wir uns verbunden fühlen, ob wir es wahrhaben wollen oder nicht. Es ist eine Tatsache! Die Bibel spricht davon, dass wir ein Leib SIND (1. Korinther 12,27):

»Ihr aber seid Christi Leib und, einzeln genommen, Glieder.«

Ich bin nur ein Teil des Ganzen, aber ich BIN ein Teil des Ganzen. Dabei kommt es nicht darauf an, in welcher

Gemeinde ich bin oder ob ich überhaupt in einer Gemeinde bin. Ich gehöre zum weltweiten Körper von Jesus, der sich aus allen Gläubigen aller Zeiten zusammensetzt.

Nun könnte man ja meinen: »Sag ich doch! Ich bin Teil der weltweiten Gemeinde, ich brauche die Gemeinde vor Ort deshalb nicht...« Das ist Selbstbetrug! Das wäre, als wenn ein Mädchen zu seinem Freund sagen würde: »Ich finde, du bist wunderschön – nur siehst du meist hässlich aus.« Die universale, weltweite Gemeinde ist unsichtbar, aber sie zeigt sich und wird konkret an den Orten, wo Christen zusammenkommen. Ich kann die weltweite Gemeinde nicht ohne die Ortsgemeinde, die reale Gemeinschaft, haben – zum Beispiel in einer Kleingruppe oder einem Teenagerclub. Das wäre eine Illusion! Übrigens haben wir in der Bibel kein Beispiel für einen Christen, der losgelöst von den anderen lebte...

WIR SIND MITEINANDER VERBUNDEN

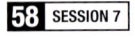

So weit die Tatsachen. Aber Jesus hat ja die Gemeinde nicht ohne Grund ins Leben gerufen. Die Gemeinschaft mit anderen Christen ist etwas vom Genialsten überhaupt. Wir wissen, dass wir alle wie einzelne Körperteile an einem Leib sind. Erst zusammen bilden wir den Körper. Das heißt, dass wir die anderen brauchen und dass wir ohne die anderen unvollständig sind. Was ist schon eine Hand, die vom Rest des Körpers abgetrennt wurde? Sie ist leblos, kraftlos. Die Gemeinschaft unter Christen ist viel mehr als bloßes Zusammensein. Gott hat nicht mir – Christ XY – alle Gaben und alle geistlichen Erkenntnisse anvertraut. Gott hat sie vielmehr in die Gemeinde gelegt. Was heißt das? Das bedeutet, dass ich so viel in der Bibel lesen und beten kann, wie ich will, ich werde doch nie die absolute Erkenntnis der Wahrheit haben, wenn ich nicht von anderen lerne. Ich brauche sie, und sie brauchen mich. Wir korrigieren uns gegenseitig und eröffnen einander neue Sichtweisen. Es bedeutet auch, dass ich allein den Auftrag niemals erfüllen kann, weil ich nicht alle Gaben und Fähigkeiten habe. Erst gemeinsam bilden wir, jeder mit seiner ihm eigenen »Funktion« (1. Korinther 12,8ff.), den Leib, der Kraft hat und etwas bewegt (was kann eine Nase allein schon ausrichten?). Das gilt übrigens auch, in größerem Stil, für die verschiedenen Denominationen…

Das haut mich um! Wenn wir Christen zusammenkommen, geschieht also etwas, das es sonst nirgends in dieser Weise gibt. Wir bilden eine Einheit. Wir können mit dieser Einheit nun zwei verschiedene Dinge tun:

1. Wir können uns dagegen wehren, weil es uns nicht passt (oder weil mein Gegenüber mir nicht passt). Dann bleiben wir allein, laufen Gefahr, in die falsche Richtung zu rennen, und können unseren Auftrag in dieser Welt nicht erfüllen.

2. Wir können die Einheit fördern und bewahren (Epheser 4,3). Wir können echte Gemeinschaft erleben, und das, was uns fehlt, wird durch die anderen ergänzt.

Wenn das Zweite geschieht, dann bekommen unsere Treffen wirklich Sinn. Wir sind dann nicht mehr zusammen, weil wir das als Christen eben tun sollen, sondern wir kommen der Vision, dass Gott geehrt und unser Umfeld für ihn gewonnen wird, wirklich näher! Wir können das nicht allein…

SIEBEN FRAGEN, DIE ES AUF DEN PUNKT BRINGEN

1. Was für Dinge kennst du aus dem Alltag oder der Natur, die untrennbar miteinander verbunden sind oder zusammengehören?

2. Wenn du zwischen einem Leben als Einzelkind und einem mit Geschwistern wählen könntest, wofür würdest du dich entscheiden? Wieso?

3. Wieso spricht Jesus so oft davon, dass wir als Christen eins sein sollen, wenn wir doch bereits eins sind?

4. Was könnte sich Gott dabei gedacht haben, als er wollte, dass Christen in Gemeinschaft leben? Wieso hat er das so eingerichtet?

5. Welche praktischen Konsequenzen hat es, wenn du ein Teil des Ganzen bist?

6. Welche praktischen Konsequenzen hat es, wenn du nur EIN Teil des Ganzen bist?

7. Was motiviert oder hindert dich, diese Gemeinschaft mit anderen Christen zu leben?

WIRSINDMITEINANDERVERBUNDEN ERVERBUNDEN WIRSI

PRAKTISCHE VERPFLICHTUNG

»Ich bin ein Teil von _____ (Name der Gruppe/Gemeinde). Ich werde mich hier mit meiner ganzen Person und meinen Gaben einbringen.«

Oder formuliere deine Verpflichtung selbst:

_____
_____

Diese Verpflichtung bindet dich nicht auf ewig. Aber es geht darum, nach deiner Entscheidung für Jesus auch die Entscheidung für deine »Familie« zu treffen. Klar, du bist sowieso ein Teil davon, aber es macht Sinn, wenn du dich bewusst und voll reingibst. Konkret wird das unter anderem dadurch, dass du eine Aufgabe wahrnimmst, die den anderen und der ganzen Gruppe dient. Besprich mit deinem Leiter, wo dein Platz sein könnte. Probier etwas aus! Die nächste Zeit soll eine Testzeit sein. Vielleicht weißt du noch gar nicht genau, was du gerne tust, oder du hast noch nicht entdeckt, was du gut kannst – jetzt ist der Zeitpunkt, dass du dich auf eine Entdeckungstour begibst. Besprich das, was du erlebst (was in dir abgeht),

WIR SIND MITEINANDER VERBUNDEN

immer wieder mit jemandem (etwa deinem Leiter, deinen Eltern, einem Freund, einem Seelsorger). Vielleicht willst du diese Verpflichtung zu deiner Gruppe oder Gemeinde heute auch noch nicht eingehen – dann nutze die Testzeit trotzdem. Du kannst es immer noch nach den nächsten zwei Sessions festmachen.

SIEBEN BIBELTEXTE, UM TIEFER ZU GRABEN

1. Epheser 4,3-6 (Ein Glaube, ein Herr…)
2. Epheser 2,19-22 (Die Gemeinde, das Haus Gottes)
3. Johannes 17,1-26 (Wir sollen eins sein)
4. 1. Johannes 4,20-21 (Gott lieben und den Bruder hassen?)
5. Epheser 5,30-32 (Die Ehe als Bild für die Gemeinde)
6. Galater 3,26-29 (Alle sind eins in Jesus)
7. Richter 20,1-11 (Die Israeliten sind wie »EIN Mann«)

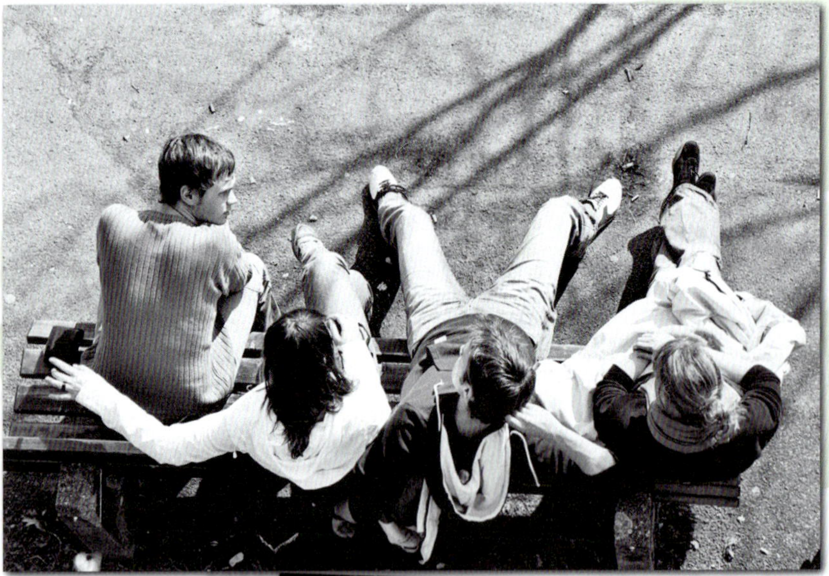

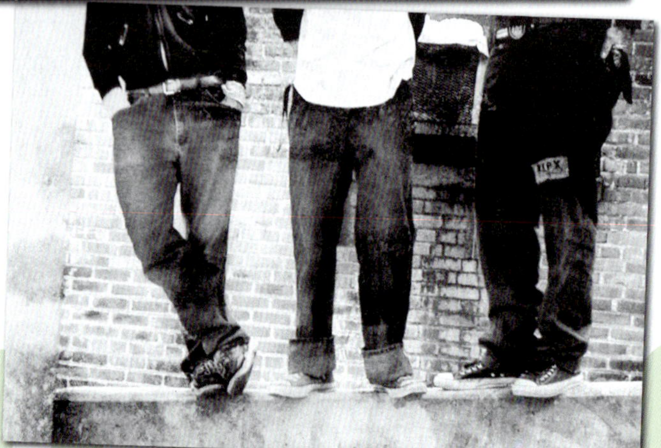

8 WIR SIND ANDERS – UND DAS IST AUCH GUT SO!

WIR SIND ANDERS

IMPULS

Nur weil Mann und Frau anders sind, gibt es ein Kind. Genauso können wir Christen auch erst durch unsere Unterschiedlichkeit Frucht bringen – vielleicht sogar, ohne den anderen ganz zu verstehen ...

In der letzten Session wurde klar, dass wir einander brauchen. Das ist nicht bloß eine fromme Floskel, sondern eine Tatsache, die geistliches Leben oder geistliches Sterben bedeutet. Wir sind eine Einheit – ob wir das nun wollen oder nicht. Wieso aber fällt es uns oft so schwer mit den lieben Geschwistern im Glauben? Es sollte doch das Schönste auf der Welt sein, die passenden Gegenstücke zu entdecken und mit ihnen verbunden zu werden – wie bei einem Puzzle. Nun, das Problem ist, dass der andere eben anders ist. Er oder sie ist nicht so wie ich – und das mag ich nicht besonders, da es Probleme schafft und Reibungspunkte setzt.

Oft neigt man nun dazu, die Gemeinsamkeiten zu betonen (Epheser 4,3ff.), und das ist auch gut so! Wir werden jetzt aber einen etwas anderen Weg einschlagen und unseren Blick ganz bewusst auf die Unterschiede richten. Man stelle sich vor: Gott hat es so gewollt! Er will keinen Einheitsbrei, sondern echte Einheit. Er hätte die ganze Welt rot machen können, und jedes Lebewesen wäre wie eine Tomate rumgelaufen – aber er hat eine riesige Vielfalt geschaffen. Das gilt auch für uns. Echte Einheit ist sich immer der Unterschiedlichkeit bewusst! Wenn wir unsere Andersartigkeit zu schnell vertuschen oder übersehen, dann wird echte Einheit nie erlebbar sein. Wir fabrizieren einen Einheitsbrei. Wir spielen Einheit, aber bei der ersten Schwierigkeit kommen all die unangenehmen Sachen wieder aus der Versenkung hervor ...

Wir SIND unterschiedlich! Halleluja! Deshalb ergänzen wir uns auch. An dieser Stelle kommt nun ein Koinonia-Prinzip zum Tragen: das Zuhören. Wir müssen dem anderen zuhören! Dazu gehört sicher, dass wir akustisch auf den anderen hören sollen. Aber ich meine es hier auch noch in einem erweiterten Sinn. »Zuhören« heißt, den andern ernst nehmen, auf ihn eingehen, mein Gegenüber wertschätzen. Es geht darum, den andern wirklich wahrzunehmen, ihn für voll zu nehmen. Und darauf zu achten, was er sagt, wie er denkt, wer er ist, wie er ist. Das kann man nicht so nebenbei machen; und erst recht nicht, wenn man nur mit sich selbst und dem, was man selber »sagen« will, beschäftigt ist. »Zuhören« heißt: Ich richte mich ganz auf mein Gegenüber aus. Dann werde ich die Unterschiede, die zwischen uns bestehen, bewusst wahrnehmen, mich darauf einlassen, mich durch die Andersartigkeit korrigieren lassen und vom anderen lernen.

Die Bibel nennt das Liebe. Liebe ist nie blind, sondern sie ist sich des andern voll bewusst, nimmt ihn, wie er ist, und ist vor allem an ihm als Person interessiert.

»Weder Eigennutz noch Streben nach Ehre sollen euer Handeln bestimmen. Im Gegenteil, seid bescheiden, und achtet den anderen mehr als euch selbst. Denkt nicht an euren eigenen Vorteil, sondern habt das Wohl der anderen im Auge« (Philipper 2,3-4; Hoffnung für alle).

Diese Liebe ist nicht bloße Sympathie, obwohl das durchaus vorkommen kann. Diese Liebe ist vielmehr eine Entscheidung, dem anderen wirklich »zuzuhören«, ihn ernst zu nehmen, obwohl er mir vielleicht auf den Wecker geht. So wird die unsichtbare Einheit, die wir unter uns Christen haben, sicht- und greifbar. Vor allem aber wird sie erfahrbar und macht die Gemeinschaft zu dem, was sie sein soll. Diese Gemeinschaft wächst aus dem tiefen Bewusstsein, dass ich nur ein Teil des Ganzen bin und nur einen Teil des Ganzen habe. Gott hat die Liebe als ein Werkzeug ausgewählt, durch das die Menschen um uns herum begreifen sollen, dass Gott wirklich Realität ist und uns erlöst hat (Johannes 17,21).

SIEBEN FRAGEN, DIE ES AUF DEN PUNKT BRINGEN

1. Welche Geschichten kennst du zum Thema »Woher kommen die Babys«? Was sind die wesentlichen Unterscheidungspunkte zur Wahrheit?

2. Erzähl von einer Person, die du kennst und die sich völlig von dir unterscheidet (180 Grad).

3. Wieso macht es Sinn, dass wir Christen uns alle voneinander unterscheiden? Was hat sich Gott wohl dabei gedacht?

4. »Liebe« – ein Wort, das viel benutzt und wenig gefüllt wird. Was wird in biblischen Texten unter Liebe verstanden?

5. Was hindert mich konkret daran, auf Leute, die ganz anders sind als ich, zuzugehen und Zeit mit ihnen zu verbringen?

6. Wie wird »Zuhören« konkret?

7. Welche Art Gemeinschaft leben wir in unserer Gruppe: Einheit oder Einheitsbrei? Wieso?

PRAKTISCHE VERPFLICHTUNG

»Ich werde mich bewusst auf Menschen einlassen, die ganz anders sind als ich, und versuchen, von ihnen zu lernen.«

Oder formuliere deine Verpflichtung selbst:

_____

_____

Erkläre die vor dir liegende Zeit zur »Expedition nach unbekannten Lebensformen«. Überleg dir jetzt gleich ein paar Leute, mit denen du bisher kaum Kontakt hattest. Das kann innerhalb deiner Gemeinde oder sogar darüber hinaus sein. Es geht darum, dass du Leute triffst, die sich von dir unterscheiden. Vielleicht jemand mit einem ganz anderen Charakter (der dir womöglich hinten und vorne nicht passt), oder jemand aus einer völlig anderen Generation. Oder eine Person, deren Ansichten du überhaupt nicht nachvollziehen kannst. Schreibe dir diese Leute auf. Es kostet zwar etwas Mut, aber vielleicht kontaktierst du jetzt gleich jemanden und verabredest dich mit ihm. Ansonsten schreib dir auf, wann du es tun willst. Achte bei diesen Begegnungen der etwas anderen Art auf die Koinonia-Prinzipien. Du brauchst Zeit mit diesen Personen (vielleicht reicht da ein einzelner Gottesdienst nicht aus), du sollst echt sein (du brauchst nicht zu heucheln…), und vor allem musst du zuhören – es geht ja nicht darum, dass du bestätigt wirst, sondern dass du dein Gegenüber besser kennen lernst und dabei dein eigener Horizont geweitet wird. Schreibe dir auf, was für Erfahrungen du gemacht hast. Viel Spaß!

SIEBEN BIBELTEXTE, UM TIEFER ZU GRABEN

1. Apostelgeschichte 2,14-21 (Alt und Jung haben den Geist Gottes)
2. Epheser 4,1-16 (Unterschiedliche Glieder)
3. 1. Korinther 12,1-31 (Ein Geist, viele Gaben)
4. 1. Korinther 13,1-13 (Die Liebe – das Entscheidende)
5. Nehemia 3,1-32 (Die unterschiedlichsten Menschen bauen an der Stadtmauer)
6. Römer 12,1-10 (Wir sind aufeinander angewiesen)
7. 2. Johannes 1,1-6 (Die Wahrheit verbindet uns)

WIRSIND ANDERS

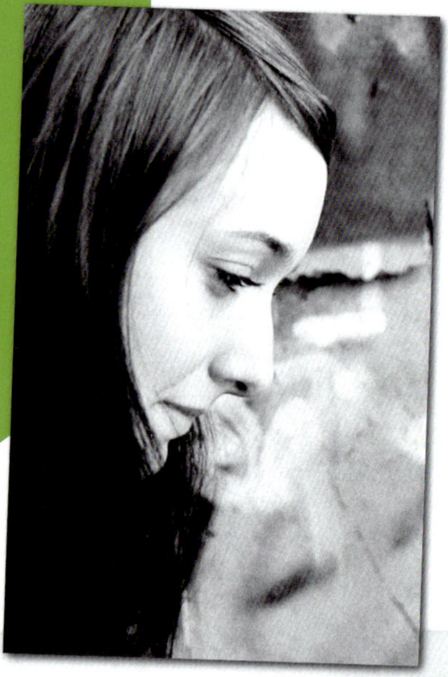
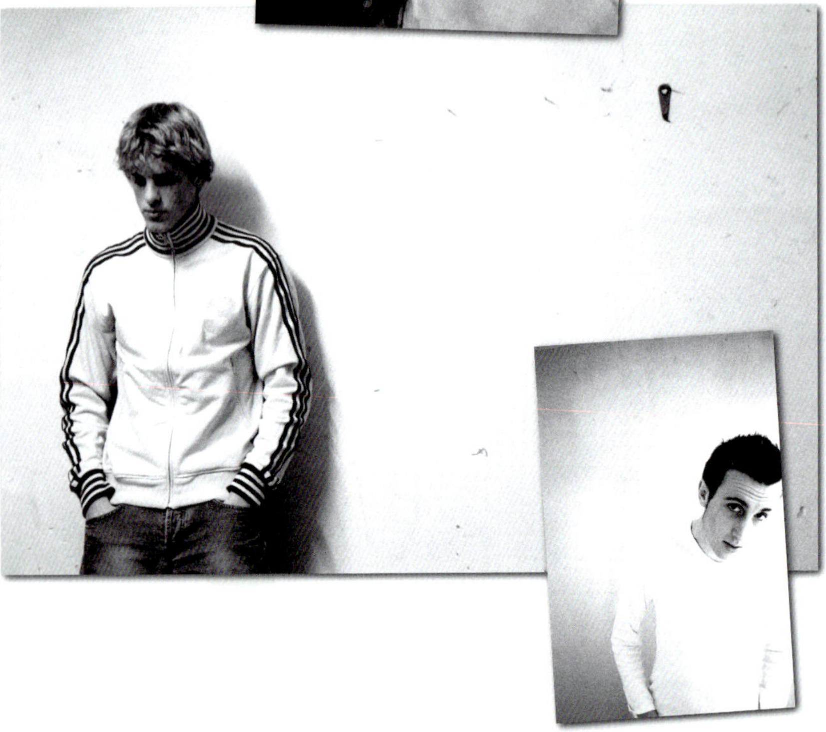

9 FELER ERLAUPT! ☺

FELER ERLAUPT!

IMPULS

Ein Kind lernt nur laufen, wenn es hinfällt und wieder aufsteht. Ohne Fallen und Aufstehen kein Laufen. Ohne Fehler und Versöhnung/Vergebung kein geistliches Wachstum.

Es sollte jetzt wirklich klar sein, dass ich die anderen brauche und sie mich. Wir sind miteinander verbunden – so oder so. Wir packen es nicht allein. Dann kommt hinzu, dass jeder von uns unterschiedlich ist – niemand ist gleich. Das gibt Spannungen! Vielleicht stellen wir uns die Einheit, die in der letzten Session angeschnitten wurde, viel zu stark in rosa Farbtönen vor. Das ist sie nicht! Und die Bibel ist viel zu realistisch, als dass sie darüber schweigen würde. Wir werden aneinander schuldig, verletzen uns gegenseitig, stoßen uns vor den Kopf. Wir werden an unseren Schwachpunkten versagen, in Bereichen vielleicht, die allen anderen keine Mühe zu bereiten scheinen... Das kann einen ganz schön verunsichern und dazu veranlassen, zu meinen, dass alle anderen besser sind. Was tun wir damit? Bedeutet das, dass Einheit erst im Himmel möglich ist?

Ein anderes Koinonia-Prinzip hilft uns dabei: echt sein. Es gibt zwei Extreme: Die einen haben den Eindruck, dass sie sich nicht so geben dürfen, wie sie sind, weil sonst niemand mehr mit ihnen zusammen sein will. Die anderen meinen, dass sie – und zwar nur sie selbst – ihren Launen freien Lauf lassen dürfen. Beides hat nichts mit Echtheit und Ehrlichkeit zu tun. Echt sein heißt: Ich kann so sein, wie ich bin – der andere aber auch! ... Will man jemanden kennen lernen, geht man am besten zu dieser Person nach Hause. In unserer leiblichen Familie geben wir uns ja am ehesten so, wie wir sind. Unter Christen sind wir auch eine Familie – die Familie Gottes (Epheser 2,19). Wenn wir unter uns nicht mehr so sein dürfen, wie wir wirklich sind, wo dann?!

Wenn ich echt bin, liegt es nahe, dass ich andere verletze. Ist man sich nahe, dann tritt man sich schon mal gegenseitig auf die Füße. Das ist unvermeidbar. Entscheidend ist aber,

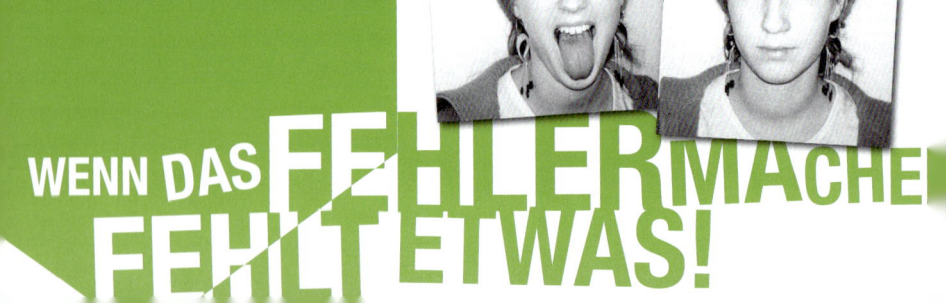

WENN DAS FEHLER MACHEN FEHLT ETWAS!

dass wir eine Kultur der Versöhnung und Vergebung entwickeln. Lässt man eine Wunde einfach unbehandelt und verdeckt sie, dann entzündet sie sich womöglich und wird immer schlimmer, bis man in ernsthaften Problemen steckt. Das gilt auch für die Beziehungen untereinander. Wir müssen die Sachen ans Licht bringen und einander vergeben. Das können wir, weil wir genau wissen, wie viel uns selber vergeben worden ist und dass wir alle Fehler machen (Kolosser 3,13). Mehr noch: Der Meister der Vergebung lebt in uns (Session 3)! Einmal wird mir vergeben, ein anderes Mal vergebe ich. Das ist Familie.

Wenn ich echt bin, liegt es auch nahe, dass ich mich verletzlich mache. Ich brauche nicht mehr den Helden und Superchristen zu spielen. Keiner von uns ist das. Jeder von uns macht Fehler, hat Schwächen und fällt immer wieder deftig auf die Schn... Weil wir wissen, dass wir damit nicht allein sind, sondern unsere Brüder und Schwestern (der geistlichen Familie) dieselben Probleme haben (obwohl sie bei ihnen manchmal leicht anders aussehen), kann ich es zulassen, verletzlich zu sein. Das bedeutet, dass ich zu meinen Fehlern und Schwächen stehe.

»Bekennt nun einander die Sünden und betet füreinander, damit ihr geheilt werdet! Viel vermag eines Gerechten Gebet in seiner Wirkung« (Jakobus 5,16).

Wie viel Kraft, Freiheit und Liebe füreinander würde freigesetzt werden, wenn wir das tun würden: einander von unserem Versagen, von unseren Sünden erzählen. Oder füreinander beten und einander die Vergebung zusprechen (Johannes 20,23). Wir wären viel gesündere Christen, das hast du hiermit schwarz auf weiß! Welche Anziehungskraft hätten wir, wenn die Menschen um uns herum sehen würden, dass man bei uns keine Masken zu tragen braucht, sondern so sein kann, wie man ist – mit Fehlern...

SIEBEN FRAGEN, DIE ES AUF DEN PUNKT BRINGEN

1. Erzähl einen deiner peinlichsten Fehler, die du je gemacht hast. Wie bist du damit umgegangen?
2. Was war eine Peinlichkeit, die du bei einer anderen Person beobachten konntest? Was hast du in dem Moment gedacht?
3. Muss ich als Christ so transparent sein, dass ich immer allen mein Innerstes offen lege? Gibt es Prinzipien oder Grenzen?
4. Welchen Schaden richtet es an, wenn wir mit einem anderen Menschen nicht versöhnt leben?
5. Was hindert mich daran, vor anderen echt zu sein und zu meinen Fehlern zu stehen? Wieso?
6. Gibt es Dinge, die ich mit anderen Menschen (dieser Gruppe?) noch nicht in Ordnung gebracht habe? Wenn ja, wieso? → Bring es in Ordnung!
7. Wie hoch ist der Echtheitsgrad in unserer Gruppe auf einer Skala von 1 bis 10? Wieso?

PRAKTISCHE VERPFLICHTUNG

»Ich, _____ , werde _____ verbindlich und regelmäßig über mein geistliches Leben Rechenschaft geben.«

Oder formuliere deine Verpflichtung selbst:

_____
_____

Wir haben in den letzten Sessions gelernt, dass wir allein in der Regel niemals ans Ziel kommen. Vielleicht hast du das Potenzial der Gemeinschaft bereits erlebt, weil ihr das Prinzip des Rechenschaft-Ablegens beim

OHNE FEHLER UND KEIN GEISTLICHES

Punkt »praktische Verpflichtung« bereits angewendet habt. Es geht darum, dass du mit jemandem über dein geistliches Leben, deine Fortschritte und Entwicklungen sprichst. Ihr könnt das gegenseitig tun, vielleicht handelt es sich aber auch um eine Art Mentoring (einseitig). Das ist nicht dasselbe wie Seelsorge – du brauchst dafür kein Problem zu haben. Der Punkt ist, dass wir allein meist zu wenig diszipliniert sind oder uns zu leicht selbst betrügen. Deshalb geben wir jemandem Rechenschaft über unser (geistliches) Leben. Da können wir uns gegenseitig helfen!

Überlege dir, wer diese Person für dich sein könnte. Warte nicht zu lange – es muss kein geistlicher Gigant sein. Nimm Kontakt auf, und besprecht gemeinsam, wie diese Rechenschaftsbeziehung aussehen könnte. Ihr könnt Schwerpunkte auf einzelne Bereiche legen, miteinander Verhaltensregeln vereinbaren oder einfach nur austauschen und miteinander beten. Bedenke: Du musst nicht besser sein, als du bist – aber Jesus kann Verbesserung bewirken!

SIEBEN BIBELTEXTE, UM TIEFER ZU GRABEN

1. Matthäus 18,21-35 (Gleichnis: Ungerechter Diener)
2. Matthäus 6,9-15 (Vaterunser)
3. Johannes 20,21-23 (Vollmacht zur Sündenvergebung)
4. Matthäus 26,36-46 (Jesus in Gethsemane mit seinen Jüngern)
5. 2. Korinther 1,1-11 (Paulus berichtet von seinen Problemen)
6. Sprüche 28,13 (Sünden nicht vertuschen)
7. Jakobus 5,13-20 (Bekennt eure Sünden)

VERGEBUNG
WACHSTUM

**RADIKALE BEZIEHUNG
MIT NICHTCHRISTEN**

RADIKALE BEZIEHUNG MIT NICHTCHRISTEN

Eine radikale Beziehung mit Nichtchristen haben? Darf man das denn? Auf jeden Fall! Es geht darum, dass die Wurzel stimmt (»radikal!«). Wir dürfen uns nicht abschotten und uns ins christliche Ghetto zurückziehen. Oft geschieht das unbewusst, doch die Folgen sind tragisch. Wir können noch so viele Veranstaltungen ins Leben rufen, doch das bringt nur sehr wenig, wenn wir keine echten Freundschaften zu Nichtchristen haben.
Wir betreten damit jedoch auch ein Spannungsfeld...

NEHMEN ZEIT SEIN ZUH
ECHT SEIN ZUHÖREN ZEIT

10 ECHTE FREUNDSCHAFT PFLEGEN

ECHTE FREUNDSCHAFT PFLEGEN

IMPULS

Wir glauben jemandem nur, wenn wir diese Person vertrauenswürdig finden. Vertrauen wächst dadurch, dass wir jemanden besser kennen lernen.

Die meisten Christen haben täglich mit den verschiedensten Menschen zu tun, die (noch) nicht Christen sind. Man trifft sie in der Schule, beim Arbeiten, in Vereinen oder als Nachbarn. Sie sind unsere Schulkameraden oder Arbeitskollegen, aber oft ist es so, dass wir sie nicht als Freunde haben. Wir möchten, dass sie zum Glauben kommen – klar –, aber das soll möglichst aus der Distanz geschehen. Vielleicht mal ein Gespräch, wenn ich mich getraut habe, das Thema Glauben anzuschneiden…

Nichtchristen sollten aber mehr sein als bloße Bekehrungsobjekte. Jesus ging es immer um den Menschen. Er wusste einfach, dass die Gute Nachricht das war, was die Menschen am nötigsten hatten. Aber nie war er bloß Vertreter einer Weltanschauung oder Ideologie. Er liebte die Menschen, er war ihr Freund (Lukas 7,34)! Er blieb nicht auf Distanz.

Wir brauchen echte Freundschaften zu Nichtchristen. Was heißt das? Genauso wie in der Beziehung mit Gott und in der Gemeinschaft unter Christen gelten hier die Koinonia-Prinzipien:

A) SICH ZEIT NEHMEN

Es reicht nicht, wenn wir unsere nichtchristlichen Freunde am Arbeitsplatz und in der Schule treffen. Echte Freundschaft braucht Zeit, damit sie entstehen und wachsen kann. Das bedeutet, dass man Zeit miteinander verbringt, dass man etwas gemeinsam unternimmt, damit man sich besser kennen lernt. Investiert man keine Zeit, wird auch nichts entstehen. Dann bleibt die Freundschaft mit Nichtchristen ein frommer Wunsch. Wenn du in eine Gemeinde eingebettet bist, die so viel Programm hat, dass du keinen Freiraum mehr für solche Freundschaften hast, dann meine ich, dass du besser eine oder zwei kleine Gemeindeaktivitäten aufgibst und stattdessen mehr Zeit mit Nichtchristen verbringst. Nimm dir Zeit! Wieso müssen immer mehr christliche Hasenzüchterverbände, christliche Volleyballclubs, christliche ›XYZ‹ gegründet werden? Das macht doch keinen Sinn! Damit verschwinden wir immer mehr im frommen Ghetto. Wir können unsere Hobbys doch mit Nichtchristen teilen – das wäre das Natürlichste auf der Welt!

B) ECHT SEIN

Meist kommen wir im Gespräch mit Nichtchristen ins Verkaufen. Wir glauben, das Evangelium verkaufen zu müssen. Und wie ein schlechter Verkäufer übertreiben wir die Vorzüge und schwärmen, obwohl wir selber vielleicht da und dort auch noch unsere Fragen und Zweifel haben. Wenn wir von Jesus erzählen, brauchen wir nicht zu lügen! Er ist gut genug, auch wenn ich im Glauben selbst nicht immer auf Wolke 7 schwebe. Menschen, die noch keine Beziehung zu Gott haben, besitzen ein besonderes Sensorium für Heuchelei und Halbwahrheiten. Wir tun dem Evangelium keinen Gefallen, wenn wir übertreiben. Wir können und sollen auch vor unseren nichtchristlichen Freunden zu unseren Schwächen, Zweifeln und Ängsten stehen. So ist es nun mal. Das macht uns echt und mit uns auch die Botschaft, die wir vermitteln.

C) ZUHÖREN

Wenn wir Nichtchristen als Bekehrungsobjekte sehen, dann hören wir nicht zu. Wie bereits gesagt, geht es nicht einfach darum, eine Botschaft an den Mann oder die Frau zu bringen. Es geht, nach dem Vorbild von Jesus, um den Menschen! Genauso wie in der Gemeinschaft mit Christen sollen wir unser Gegenüber ernst nehmen. Man stelle sich vor: Wir können sogar von Nichtchristen in der einen oder anderen Sache lernen. Wenn wir wirklich Interesse an jemandem haben, dann werden wir uns auch dafür interessieren, was ihn beschäftigt, wo er dran ist, was er macht.

SIEBEN FRAGEN, DIE ES AUF DEN PUNKT BRINGEN

1. Was war das schlimmste Erlebnis, das du je mit einem Verkäufer gehabt hast? Wieso?

2. Hast du schon mal jemanden dazu gebracht, dass er deine Meinung angenommen hat, obwohl er zuerst das Gegenteil behauptete?
   Was war das für ein Gefühl?

3. Wie ging Jesus mit Leuten um, die von der Gesellschaft als Sünder und Ungläubige bezeichnet wurden?

4. Woran könnte es liegen, dass wir so wenig Bibelstellen haben, die von Freundschaften zu Nichtchristen berichten?

5. Wie sehen deine Beziehungen zu Nichtchristen aus? Weshalb so und nicht anders?

6. Wie stark nehmen dich christliche Aktivitäten in Anspruch im Verhältnis zu der Zeit, die du mit Nichtchristen verbringst? Wieso?

7. Wie erlebst du diese Spannung: den Menschen (Nichtchristen) ernst nehmen und die Botschaft (Evangelium) ernst nehmen?

PRAKTISCHE VERPFLICHTUNG

»Ich werde drei VIPs (Very Important Person, Nichtchristen) bestimmen und mich ganz in sie investieren.«

Oder formuliere deine Verpflichtung selbst:

_____
_____
_____

Vielleicht kennst du das bereits und hast schon deine VIPs. Wenn nicht, ist es höchste Zeit. Es geht darum, dass du Freundschaften mit Nichtchristen nicht dem Zufall überlässt. Das heißt nicht, dass es jetzt künstlich wird. Nein, es geht dabei vor allem um dich: Wenn du dir drei VIPs aussuchst, dann hilft dir das, dich aufs Wesentliche zu konzentrieren. Drei ist eine sinnvolle Zahl, weil mehr deine Kapazität wahrscheinlich übersteigt, wenn diese Beziehungen tiefergehen sollen. Weniger würde zeigen, dass du dich bereits zu sehr in einem christlichen Ghetto bewegst. Drei bedeutet auch nicht, dass du mit allen dieselbe Intensität der Beziehung pflegst. Vielleicht kennst du jemanden bereits viel besser und bei den andern zwei ist immer noch ein Kennenlern-Prozess in Gang. Vielleicht kommt dir auch gar niemand in den Sinn. Das wäre zwar tragisch, aber dann musst du einen Schritt früher ansetzen und dir Möglichkeiten überlegen, wie du Kontakte knüpfen kannst. Die drei VIPs sind dann dein Fernziel.

Schreibe dir drei Freunde oder solche, die es werden könnten, auf die VIP-Karte. Trage sie in deinem Portemonnaie mit dir herum, lege sie in deine Bibel usw. Hey, gerade wegen ihnen lebst du vielleicht auf diesem Planeten (Session 1)! Tipp: Mach es zum Thema mit deinem Rechenschaftspartner!

SIEBEN BIBELTEXTE, UM TIEFER ZU GRABEN

1. Ich möchte als Erstes keinen Bibeltext angeben, denn die folgenden Texte sind nicht die perfekten Stellen zum Thema »Freundschaften mit Nichtchristen«. Wir finden in der Bibel kaum Angaben dazu. Ich glaube, das liegt daran, dass die meisten Christen zu der Zeit (1. und 2. Generation) ganz natürlich und selbstverständlich Beziehungen hatten: Verwandte, Freunde usw. Sie kannten das Problem, sich in ein christliches Ghetto zurückzuziehen, wohl kaum. Die folgenden Bibelstellen sind vor allem Beispiele aus dem Leben von Jesus.
2. Lukas 7,36-50 (Eine Sünderin salbt die Füße von Jesus)
3. Matthäus 26,47-50 (Judas der Verräter – ein Freund Jesu)
4. Lukas 19,1-10 (Zachäus)
5. Markus 10,17-22 (Jesus gewinnt den reichen Jüngling lieb)
6. Markus 2,14-17 (Jesus isst gemeinsam mit Sündern)
7. Apostelgeschichte 18,1-28 (Freundschaftsevangelisation?)

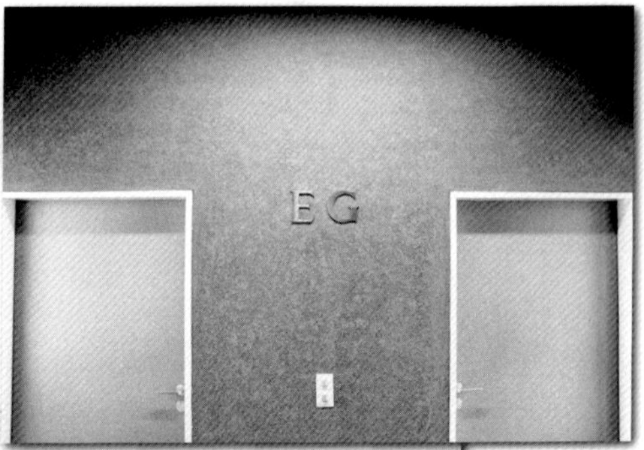
EG

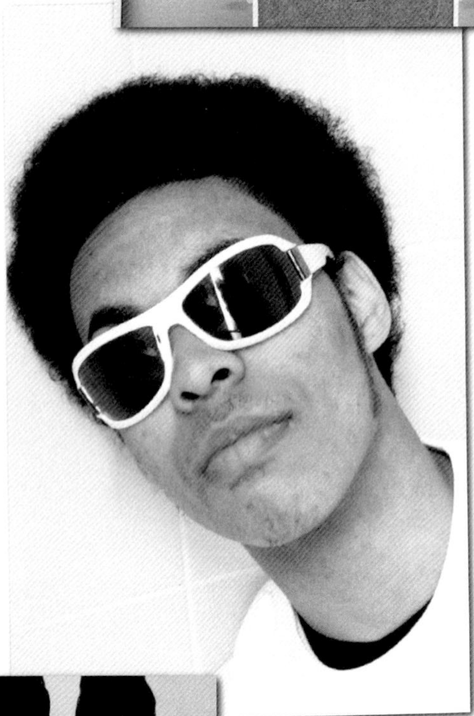

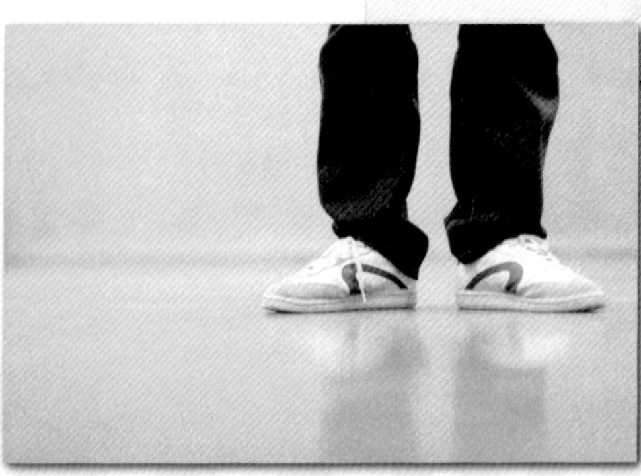

11 FREUNDSCHAFT HAT GRENZEN!

FREUNDSCHAFT HAT GRENZEN!

IMPULS

Unkraut muss man mit der Wurzel ausreißen – ansonsten nützt die Arbeit nichts! Genauso müssen auch ungute Beziehungen an der Wurzel gepackt werden – nur ein bisschen dran »rumschnipseln« löst das Problem nicht!

Das eine Extrem hatten wir bereits angeschnitten: Christen, die sich von »der Welt« abschotten und sich nur noch unter Christen aufhalten. Es gibt aber auch ein anderes Extrem. Nämlich Christen, die Freundschaften mit Nichtchristen so ernst nehmen, dass sie Freundschaft mit der Welt schließen:

»Ihr Treulosen! Ist euch denn nicht klar, dass Freund-

schaft mit der Welt zugleich Feindschaft mit Gott bedeutet? Wer also ein Freund dieser Welt sein will, der wird zum Feind Gottes« (Jakobus 4,4; Hoffnung für alle).

Allgemeine Verwirrung ... Jetzt habe ich doch eine ganze Session lang dafür geworben, dass man Freundschaften mit Nichtchristen schließen sollte, und jetzt das! ... Was heißt denn »Freundschaft mit der Welt«? Zu diesem Thema findet man viel mehr Bibelstellen als zu Session 10, da die meisten Christen zu der Zeit ganz natürliche Freundschaften mit Nichtchristen hatten – das Problem war die Anpassung. Freundschaft mit der Welt heißt, dass ich die Werte, die Ideologien und gewisse Verhaltensweisen, die in dieser Welt gang und gäbe sind, gutheiße und praktiziere. Ich verhalte mich wie jemand, der nicht in einer Beziehung mit Gott lebt, obwohl ich weiß, dass mein Leben so nicht in Ordnung ist. Das Hauptproblem ist nicht das Verhalten, sondern der Kompromiss, meine innere Haltung. Wir haben es schon mal ausführlich in Session 3 gesagt: Ich kann nicht zwei Herren dienen (Matthäus 6,24)!

Es gibt eine feine Grenze zwischen der Freundschaft mit Nichtchristen und der Freundschaft mit der Welt. Das Prinzip des Zuhörens geht nicht so weit, dass ich alles annehme, was mein Gegenüber von sich gibt, oder dass ich mich gleich verhalte. Der Mensch ist wichtig, aber nicht so wichtig, dass ich in der Beziehung mit Gott Kompromisse eingehe. Hier war auch für Jesus immer die Grenze: Seine erste Aufgabe bestand darin, Gott, den Vater, zu ehren, ihm Freude zu machen. Da blieb er fest, ging deshalb auch mal ziemlich hart mit Menschen um und wies sie zurück (Markus 8,33). Liebe zu den Menschen darf niemals wichtiger werden als die Liebe zu Gott, denn dann hat der Kompromiss bereits seinen Fuß in der Tür.

FREUNDSCHAFT HAT GRENZEN!

Das kann sogar so weit gehen, dass man gewisse Kontakte meiden muss. Vielleicht merkst du, dass du in deinem alten Freundeskreis immer wieder in alte Muster zurückfällst. Du meinst aber, dass du noch mit diesen Freunden zusammen sein solltest, weil sie Jesus kennen lernen müssen. Wenn du ehrlich bist, prägen sie dich jedoch mehr als du sie. An dieser Stelle liegt der Knackpunkt: In dem Moment, in dem du dir dessen bewusst wirst, bist du vor die Entscheidung gestellt. Vielleicht bedeutet das, die Freundschaft mit deinen Freunden aufzugeben, damit du keine Freundschaft mit der Welt eingehst. Ein Kompromiss kostet viel zu viel – er kostet die enge Gemeinschaft mit Gott. Hier kann kein Prinzip aufgestellt werden, aber sei ehrlich zu dir selbst und bitte Gott, deine Motive aufzudecken. Und dann: Tu das, was er dir sagt!

Wir sind das Salz dieser Welt, aber was passiert, wenn wir unsere Kraft verlieren? Niemand ist mehr da, der in diese Welt hineinwirkt (Matthäus 5,13). Wir gehören in die Suppe, ja. Das heißt aber noch lange nicht, dass wir Suppe sind! ...

FREUNDSCHAFT HAT GRENZEN

SIEBEN FRAGEN, DIE ES AUF DEN PUNKT BRINGEN

1. Hast du schon mal Erfahrungen mit Unkraut im Garten gemacht? Erzähl davon. Was war das Problem? Wie sah es aus? Auf welche Art schadet es den anderen Pflanzen?
2. Eine Frage an Leute, die nicht in einer christlichen Familie aufgewachsen sind: Wie sahen deine Kontakte zu Christen aus, bevor du eine Beziehung mit Jesus eingegangen bist?
3. Aus welchem Grund finden wir in der Bibel etliche Stellen, die uns warnen, ungute Beziehungen mit Nichtchristen einzugehen?
4. Was ist mit »Freundschaft mit der Welt« gemeint?
5. Welche deiner nichtchristlichen Freunde prägen dich mehr als du sie?
6. Was für Auswirkungen hat das oder könnte das haben? Wieso?
7. Wie können wir konkret feststellen, wann unsere Freundschaften mit Nichtchristen die Grenze überschritten haben? Wie zeigt sich das?

PRAKTISCHE VERPFLICHTUNG

»Ich werde keine unguten Beziehungen in meinem Leben tolerieren.«

Oder formuliere deine Verpflichtung selbst:

_____

_____

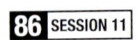

Es gibt kein Schema X, das dir jetzt genau sagt, welche Beziehungen in deinem Leben dich negativ prägen. Wir haben immer von Nichtchristen gesprochen. Vielleicht prägen dich aber auch Christen, die mit Kompromissen leben, und haben einen schlechten Einfluss auf dich. Schreib dir die Personen auf, die eine mögliche »Gefahr« darstellen. Beobachte ganz bewusst in der nächsten Zeit, wie du mit ihnen umgehst und wie sie mit dir umgehen. Kannst du aus irgendeinem Grund nicht zu deinem Glauben stehen? Tust du in Gegenwart dieser Personen Dinge, die du ansonsten nicht tun würdest und von denen du weißt, dass sie nicht gut sind? Stellst du Gott aufs Abstellgleis, wenn du in dieser Gruppe bist? Fällt dir beten schwer (still für dich)? Hast du null Interesse, dass sie Jesus auch kennen lernen? Schreib es auf! Versuche so ehrlich wie möglich zu sein – auch wenn es wehtut. Beziehe deinen Rechenschaftspartner mit ein und frage ihn, was er darüber denkt. Wir betrügen uns sehr leicht selbst! Und dann, wenn du merkst, dass der Heilige Geist dir deutlich zeigt, was dran ist – handle danach!

SIEBEN BIBELTEXTE, UM TIEFER ZU GRABEN

1. 5. Mose 7,1-8 (Keinen Bund mit heidnischen Völkern eingehen)
2. Esra 9,1-15 (Israel hat sich mit »Heiden« vermischt)
3. 2. Korinther 6,14-18 (Nicht unter »fremdem Joch« gehen)
4. Lukas 14,34-35 (Kraftloses Salz)
5. Matthäus 5,14-16 (Ihr seid das Licht der Welt)
6. Epheser 5,1-20 (Lebt als Kinder des Lichts)
7. Römer 12,1-2 (Die Welt ist nicht der Maßstab)

DIE WELT IST NICHT DER MASSSTAB

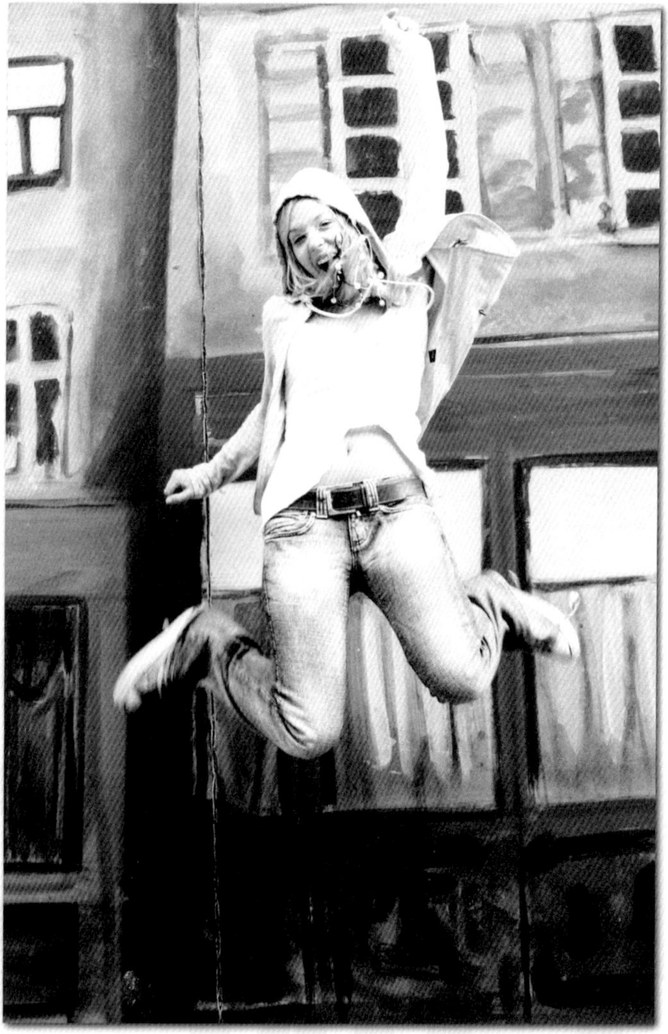

12 GOTT MUSS ERFAHRBAR WERDEN!

GOTT MUSS ERFAHRBAR WERDEN!

IMPULS

Will man zwei Leute miteinander verkuppeln, dann kann man noch so sehr von der anderen Person schwärmen. Das Entscheidende ist, dass sie sich treffen! Unsere Freunde müssen Gott treffen!

»Es muss etwas gehen! ... Wir wollen ja, dass unsere nichtchristlichen Freunde für Jesus gewonnen werden! Aber...« Wir brauchen an dieser großen Aufgabe nicht zu verzweifeln, denn auch der Apostel Paulus war kein Super-Hero:

»*Und ich war bei euch in Schwachheit und mit Furcht und in vielem Zittern; und meine Rede und meine Predigt bestand nicht in überredenden Worten der*

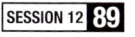

Weisheit, sondern in Erweisung des Geistes und der Kraft, damit euer Glaube nicht auf Menschenweisheit, sondern auf Gottes Kraft beruhe« (1. Korinther 2,3-5).

Das Entscheidende ist nicht, dass ich unglaublich gut bin – weder im persönlichen Leben noch wenn es darum geht, dass meine Freunde zu Gott finden. Wir brauchen die Leute weder mit unserem Leben noch mit dem, was wir sagen, zu »überreden«. Es geht darum, dass Gott wirkt! Paulus sagt, sonst bestehe das Problem, dass der Glaube unserer Freunde auf menschlicher Weisheit gegründet ist. Auch wenn ich das Evangelium genial erklären kann, müssen unsere Freunde letztlich Gott selber kennen lernen. Sie sollen in eine Beziehung mit ihm hineinfinden. Gott muss ihnen begegnen – sonst bringt alles nichts! Wenn Gott nicht eingreift, wird nichts geschehen! Aus diesem Grund muss Gott auch für unsere Freunde erfahrbar werden. Dies kann zum Beispiel geschehen, wenn wir mit ihnen beten. Natürlich sollen wir für sie beten – lasst uns den Himmel bestürmen! –, aber wir können auch mit ihnen beten. Damit nehmen wir sie in eine Begegnung mit Gott hinein. Allein Gott kann sie zu sich ziehen und eine Beziehung mit ihnen eingehen (damit wären wir wieder am Anfang bei Session 2). Wir können auch erwarten, dass er übernatürlich eingreift. Fast alle Heilungen, die im Neuen Testament beschrieben sind, fanden in einer evangelistischen Situation statt. Offenbar liebt Gott es besonders, Nichtchristen mit seinem Eingreifen und seiner Macht zu überraschen. Rechnen wir damit!

»Gut«, sagst du dir vielleicht, »dann spiele ich ja kaum eine Rolle in dem Ganzen ...« Du spielst zwar nicht die Hauptrolle, aber du bist im Vorprogramm gefragt. Das, was du lebst, und das, was du sagst, werden wesentlich darüber entscheiden, ob deine Freunde vom Evangelium angezogen oder abgestoßen werden. Es wäre jetzt müßig, darüber zu diskutieren, ob man eher vorleben oder eher reden soll. Beides gehört untrennbar zusammen! Wenn du verliebt bist, dann wirst du dich mit allem verraten, mit deinem Gesichtsausdruck, indem du anderen vorschwärmst, in der Weise, wie dein Alltag plötzlich auf den Kopf gestellt ist. Genauso ist es mit unserer Beziehung zu Gott – sie durchdringt jeden Bereich unseres Lebens, und das werden auch die Nichtchristen um uns herum mitbekommen.

Vielleicht denkst du jetzt: Wenn du das Koinonia-Prinzip der Echtheit wirklich beherzigst, werden deine Freunde wahrscheinlich nichts mehr vom Glauben wissen wollen... Und wirklich, wenn wir echt sind, dann werden wir selber herausgefordert: »Wie real ist die Beziehung zu Gott in meinem Leben sichtbar?« – »Bin ich selber wirklich von Jesus begeistert?« – »Merkt man etwas davon in meinem Alltag, dass Gott in mir lebt?« Ich glaube, dass das eine gute, gesunde Herausforderung ist. Wenn du eine radikale Beziehung mit Gott und anderen Christen lebst, dann wird das sichtbar und hörbar werden! Das Gute daran: Verlass dich ganz auf Gott, denn er hat versprochen, dich ans Ziel zu bringen, und er will, dass alle gerettet werden (1. Timotheus 2,4)! Halleluja!

SIEBEN FRAGEN, DIE ES AUF DEN PUNKT BRINGEN

1. Hattest du schon mal ein Blind Date? Anders gesagt: Hast du dich schon mal mit jemandem verabredet, den du zuvor noch nie live gesehen hast? Erzähl davon ...

2. Hattest du schon mal eine spezielle Begegnung mit Jesus? Wie war das genau? Wie zeigte er sich dir? Was ging in dir vor?

3. Was bezweckte Jesus mit seinen Wundern?

4. Was meint Paulus damit, wenn er sagt, dass er nicht mit »überredenden Worten« gekommen ist?

5. Was ist für mich das Anstrengendste, wenn es darum geht, dass meine nichtchristlichen Freunde für Jesus gewonnen werden? Wieso?

6. Was für praktische, konkrete Möglichkeiten gibt es, damit meine Freunde in Verbindung mit Gott selbst kommen?

7. Auf wen verlasse ich mich mehr, wenn es darum geht, dass meine Freunde Christen werden: auf Gott oder mich? Wie äußert sich das konkret?

PRAKTISCHE VERPFLICHTUNG

»Ich werde GEISTESgegenwärtig durch den Alltag gehen.«

Oder formuliere deine Verpflichtung selbst:

_____

_____

Gottes Geist lebt in dir (Session 4), und er kann weit mehr tun, als wir mit unserem Verstand fassen können. Lebe in der nächsten Zeit ganz bewusst; eben GEISTESgegenwärtig. Das heißt: im Bewusstsein, dass der Heilige Geist dich leitet und leiten will. Sei offen dafür, dass Gott dich anspricht. Man nennt das auch »einen Eindruck haben«. Vielleicht hast du plötzlich den Eindruck, dass du jemanden anrufen sollst – dann tu es. Vielleicht kommt dir in den Sinn, dass du in der schwierigen Situation, in der eine Freundin steckt, mit ihr beten könntest – dann frag sie und tu es. Womöglich meinst du, den Heiligen Geist flüstern zu hören, dass du das jetzt nicht sagen sollst, was dir auf der Zunge liegt – dann lass es! Es kann ganz unterschiedlich aussehen. Das Entscheidende ist, dass du ...

1. dich auf dieses Abenteuer einlässt.

2. erwartest, dass Gott dich anspricht und dir zeigt, was dran ist.

3. danach handelst – auch wenn du nicht hundertprozentig sicher bist, ob das jetzt der Heilige Geist war. Wir dürfen Fehler machen (Session 9).

Gott hat verschiedene Möglichkeiten, den Leuten zu begegnen, und er will dich dazu gebrauchen. Es ist extrem spannend, und du wirst einiges (Positives und Negatives) erleben. Dein Rechenschaftspartner wird dir dabei helfen. Als Gedankenstütze (das muss man ja zuerst lernen und sich daran gewöhnen) kannst du ja auf die Zettel-Methode zurückgreifen. Mach dir überall Zettel und Notizen, die dich daran erinnern, dass du GEISTESgegenwärtig durch den Alltag gehen willst.

SIEBEN BIBELTEXTE, UM TIEFER ZU GRABEN

1. 1. Korinther 1,18-31 (Die Weisheit von Gott)
2. 1. Korinther 2,1-16 (Paulus kam nicht mit überredenden Worten)
3. Johannes 1,43-51 (Nathanael: »Komm und sieh!«)
4. Johannes 4,4-30 (Frau am Brunnen)
5. Johannes 20,30-31 (Wunder – damit wir glauben)
6. Markus 16,17-20 (Zeichen, die die Glaubenden bestätigen)
7. Apostelgeschichte 3,1-26 (Petrus heilt und predigt)

GOTT MUSS ERFAHRBAR WERDEN!

94 SESSION 12

GOTT MUSS ERFAHRBAR WERDEN

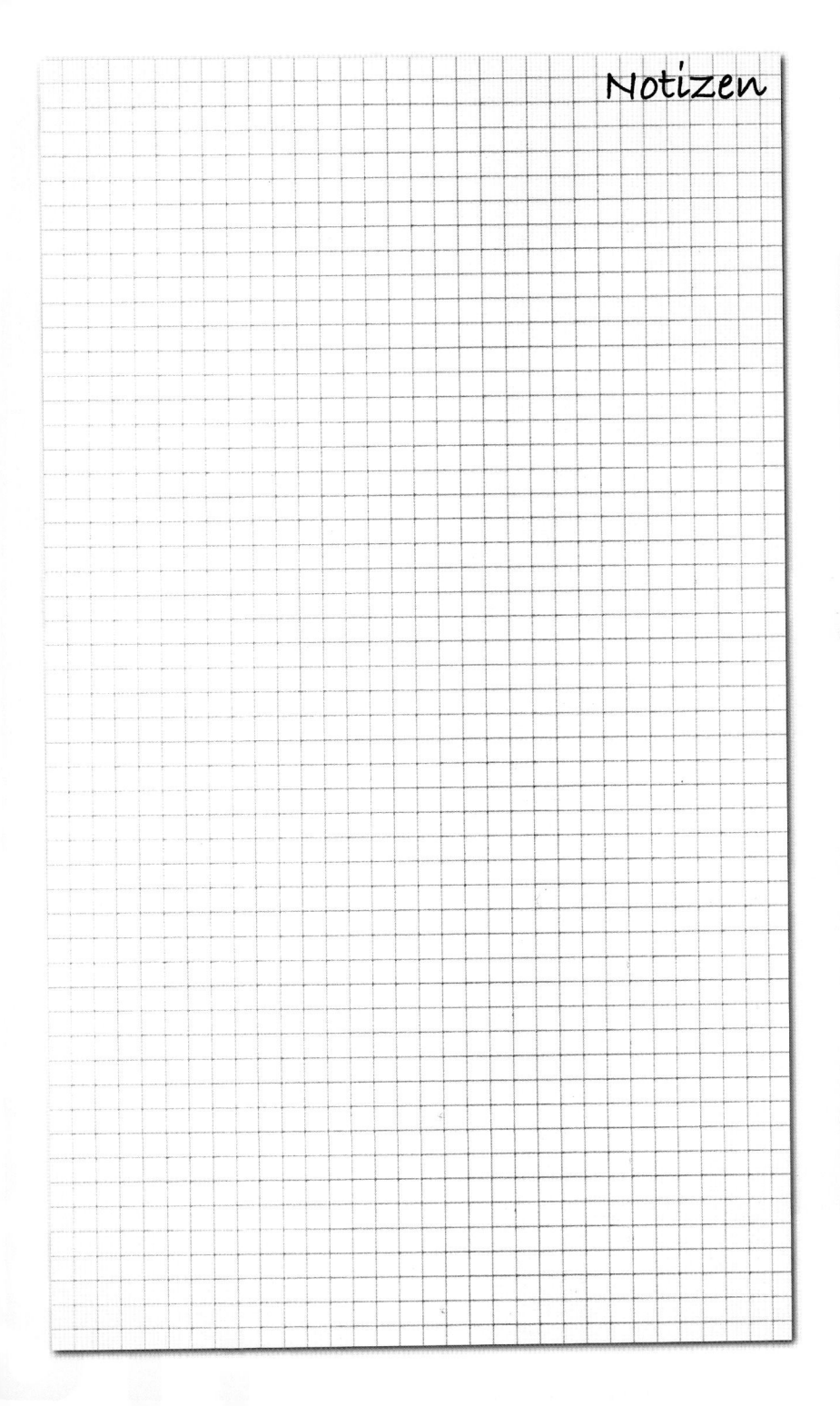

Notizen

Notizen